Christian Greis

Die Pädagogik der Frankfurter Schule

Christian Greis

Die Pädagogik der Frankfurter Schule

Kritisch pädagogische Perspektiven im Denken von Horkheimer, Adorno, Marcuse, Fromm, Habermas und Negt

Tectum Verlag

Christian Greis

Die Pädagogik der Frankfurter Schule. Kritisch pädagogische Perspektiven im Denken von Horkheimer, Adorno, Marcuse, Fromm, Habermas und Negt

ISBN: 978-3-8288-4007-2

Druck und Bindung: CPI buchbücher.de, Birkach
Printed in Germany

Besuchen Sie uns im Internet
www.tectum-verlag.de

Bibliografische Informationen der Deutschen Nationalbibliothek
Die Deutsche Nationalbibliothek verzeichnet diese Publikation in der Deutschen Nationalbibliografie; detaillierte bibliografische Angaben sind im Internet über http://dnb.ddb.de abrufbar.

Inhaltsverzeichnis

Einleitung

In einer Welt in der sich der Relativismus immer weiter auf dem Vormarsch befindet und sich der sozialwissenschaftliche Forschungsbetrieb durch umgehende Quantifizierung und Anpassung an die Naturwissenschaften rühmt, möchte ich an eine Theorietradition erinnern, die sich von Anfang an gegen eine werteneutrale Erfassung der Wirklichkeit und das Establishment des Positivismus richtete. Die Gesellschaft, die sich in ihren Möglichkeiten selbst aus den Angeln hebt, braucht eine Theorie, die ihre Gesamtkonstitution zu analysieren vermag und von ihr aus die Weichen für eine Möglichkeit der Verbesserung stellen kann. Die Pädagogik, die sich wie viele andere Wissenschaftstheorien dem Vorsatz „anything goes" auf die Fahnen geschrieben hat, wähnt sich selbst an der vordersten Front der Entgrenzung, die von dem gegenwärtigen technokratisch, hochentwickelten, globalisierten Kapitalismus erzeugt wird. Erziehungswissenschaft so fordere ich im Anschluss an der Kritischen Theorie hat die Aufgabe sich selbstkritisch im Hinblick auf die Gesellschaft zu hinterfragen und sich gegen den Verwertungszwang des Wissenschaftsbetriebs und der Ökonomie aufzulehnen. Gegen die Werteneutralität braucht es eine Rückkehr der Werte in die Pädagogik um der zweckrationalen Ökonomisierung von Schule und mit ihr der sozialpädagogischen Institutionen entgegenzuwirken. Es wird davon ausgegangen, dass wir uns in einer Zeit der Umbrüche befinden in der die Pädagogik sich verantwortlich zeigen muss die gesellschaftliche Wirklichkeit davor zu bewahren sich wieder in totalitäre Ideologien zu flüchten. Dazu bedarf es pädagogischen Theorien die solche Situationen präventiv vorbeugen können. Kritische Theorie in Tradition der Frankfurter Schule richtet sich dabei gegen das eindimensionale Denken des Universitätsbetriebs selbst, das sich im gewissen Sinne durch positivistische Forschung von der Wirklichkeit entfremdet hat. Diese Abhandlung wendet sich auch an all jene, die sich bereits in irgendeiner Form mit kritischer Theoriebildung beschäftigt haben, Pädagogik als selbstreflexive Wissenschaft betreiben und damit zur Aufhellung des endfremdeten Universitätsbetriebs beitragen.

Ziel dieser Arbeit ist es explizite und deduktive pädagogische Elemente aus den Theorien von Horkheimer, Adorno, Fromm, Habermas, Marcuse und Negt auszuarbeiten und allgemein eine Pädagogik der Kritischen Theorie zu skizzieren. Vorrangig ist es das Theoriegebäude einer Pädagogik im Sinne der Frankfurter Schule auszuarbeiten, nicht die Theorien weiterzudenken um ein Analyseinstrument für die Gesellschaft der Gegenwart zu erhalten. Dazu gehört jedoch auch sie auf ihre Aktualität hin zu überprüfen und sie kritisch zu reflektieren.

Ausgangspunkt meiner Arbeit ist die von Marx Horkheimer entwickelte sozialwissenschaftliche Forschungstradition der Kritischen Theorie. Diese bezieht sich auf die Totalität der Gesellschaft und deren geschichtlicher Gesamtsituation. Max Horkheimer versteht Wissenschaft selbst als soziales Phänomen welches nicht vom gesellschaftlichen Entstehungszusammenhang getrennt werden darf. Sie habe sich viel mehr selbst immer wieder Infrage zu stellen und sich als Objekt der Gesellschaft zu reflektieren.

Die Kritische Theorie ist eine Theorie der Praxis deren Ziel es ist unter der Oberfläche der Gesellschaft steckende Widersprüche und Ungerechtigkeiten zu analysieren und deren Überwindung zu erreichen. Hier liegt auch ihr emanzipatives Potential, das neben der wirklich bestehenden Gesellschaft immer auch auf eine mögliche, bessere Gesellschaft verweist (vgl. Böhnisch 2013, S. 14f). Eine weitere wichtige Säule der kritischen Theorie ist die Ideologiekritik, welche auf die Verdinglichungsmechanismen des Kapitalismus und der von der Kulturindustrie vermarkteten Scheinindividualität abzielt. Aufklärung selbst ist nach Horkheimer und Adorno zur Ideologie geworden, da sie anstatt in eine emanzipierte Gesellschaft in Barbarei mündete.

Von hier aus gilt es die verschiedenen Ausformungen der Kritischen Theorie im Denken Adornos, Fromms, Habermas, Marcuses und Negts nachzuzeichnen und ihre Ansätze miteinander zu vergleichen. Ihre Theorien sind für die Pädagogik von besonderer Relevanz da sie Themen wie Autorität, Entfremdung, Mündigkeit, exemplarisches Lernen und Sozialcharakter behandeln und diese auf eine emanzipierte Gesellschaft hin reflektieren. Hauptsächlich die Schule als System wird dahingehend kritisiert, dass sie Sozialintegration und die Einbindung der gesamten Persönlichkeit des Individuums unmöglich macht. Sie gilt dabei als Institution gesellschaftlicher Entfremdung die Halbbildung und eindimensionales Denken vermittelt. Mündigkeit ist dabei als pädagogisches Konzept zu verstehen, welches nur seine Wirkung entfalten kann, wenn es auf alle sozialpädagogischen Institutionen und Bildungseinrichtungen angewandt wird. Somit ist auch das Konzept einer Pädagogik der Frankfurter Schule ein Theorieansatz, der die Totalität der Gesellschaft mit ihren gesamten Erziehungs- und Bildungseinrichtungen zu erfassen versucht. Obwohl in dieser Abhandlung manche Institutionen mehr kritisiert werden als andere, gilt es sich dies immer vor Augen zu halten. Die Schule steht vorwiegend unter dem Blickpunkt der Kritik, weil sie am weitesten von dem Mündigkeitskonzept der Frankfurter Schule entfernt ist, das bedeutet jedoch nicht das die Pädagogik der Kritischen Theorie für sozialpädagogische Einrichtungen weniger von Bedeutung wäre.

Zusätzlich möchte ich die Verdinglichung der Sozialpädagogik und der Sozial Arbeit, die durch den Neoliberalismus des Marktes und Entgrenzung des Sozialstaates hervorgerufen wurde, darstellen. Hierbei beziehe ich mich auf die Grundannahmen Kritischer Theorie, dass die instrumentelle Vernunft, ethische Beziehungen zwischen Menschen auflöst und auf eine reine Zweck-Mittel Beziehung reduziert. Dabei ist es eine unumgängliche Voraussetzung die Globalisierung der gegenwärtigen Welt und die dazugehörige Entgrenzung des Sozialstaates mit einzubeziehen.

In Bezug auf die Theorie der repressiven Entsublimierung von Marcuse und die frommsche Theorie des Marketing-Charakters gilt es die Auswirkungen des Konsums auf die Erziehung nachzuzeichnen und deren Bedeutung für die Identitäts- und Individualitätsbildung auszuarbeiten. Fromm ist es mit seiner Theorie des dialektischen Humanismus außerdem gelungen eine Perspektive für die Erziehung zu öffnen, die sich auf die existenziellen Grundbedürfnisse des Menschen bezieht und eine positive soziale Entwicklung hin zur Freiheit ermöglichen soll. Die Familie ist im Verständnis der Frankfurter Schule die Keimzelle gesellschaftlicher Entwicklung und wird deshalb in ihren historischen Ausformungen bis hin zur Gegenwart analysiert.

Im ersten Teil werden die einzelnen Vertreter der Frankfurter Schule die für diese Arbeit von Wichtigkeit sind mit ihren Theorien und Ideen in kurzen Profilen vorgestellt. Danach werden Deduktive und Induktive pädagogischer Konzepte aus der Kritischen Theorie ausgearbeitet. Um ein Gesamtverständnis für die Pädagogik der Frankfurter Schule zu entwickeln und sie als theoretische und praktische Leitlinie für das pädagogische Arbeiten in verschiedenen gesellschaftlichen Bildungs- und Erziehungseinrichtungen verwenden zu können, werden deren Bezugspunkte verbunden und zusammengefasst. Mein Verständnis kritisch pädagogischer Theorie geht davon aus, dass sich die erzieherischen Konzepte der einzelnen Denker untereinander ergänzen und eine bestimmte innere Konsistenz besitzen, die nur in ihrer Verbindung in der Lage ist die gesamte pädagogische Geltung der Kritischen Theorie zu erfassen. Im letzten Abschnitt wird die Theorie kritisch reflektiert und in Bezug auf gegenwärtige kritische Denker erweitert bzw. auf Mängel in dem Konzept Pädagogik der Kritischen Theorie hingewiesen. Als ein unumgänglicher Kritikpunkt wird die Missachtung der Geschlechterperspektiven angeführt. Die Kritische Theorie kritisiert das Patriarchat, ist in ihrem Blick auf die Gesellschaft selbst teilweise patriarchalisch verzerrt und führt zu einer Vernachlässigung der weiblichen Anteile. Dabei wird in dieser Arbeit meistens die männliche Umgangsform verwendet, da alle Mitglieder der Kritischen Theorie diese als allgemein geltend benutzten und deren wissenschaftliche Untersuchungen sich vorwiegend an das männliche Subjekt richten.

Teil 1: Grundlegung Kritischer Theorie

Max Horkheimer

Horkheimer gilt als Begründer der kritischen Theorie. 1931 übernahm er den Posten des Direktors am Institut für Sozialforschung in Frankfurt am Main. Unter seiner Leitung wurde die Ausrichtung des Instituts neu ausgearbeitet. Ziel war es eine am Marxismus ausgerichtete Interdisziplinäre Forschungstradition zu begründen, die philosophische, psychologische, soziologische, politische und ökonomische Fragestellungen miteinander verbindet. Es galt zu untersuchen warum der Klassenkampf und mit ihm die Revolution im Sinne von Marx ausblieb. Dessen historisch materialistische Gesellschaftsanalyse wurde durch die Untersuchung kultureller und psychischer Anpassungsmechanismen ergänzt. Hierzu zählen die „Studien zu Autorität und Familie" und „Studien zum Autoritären Charakter", die zu einem späteren Zeitpunkt erläutert werden. Zentrales Publikationsmedium des Instituts war die Zeitschrift für Sozialforschung, in der neben den Institutsmitarbeiter auch externe Intellektuelle publizierten.

Horkheimer selbst publizierte zahlreiche Aufsätze in der Zeitschrift für Sozialforschung und war in den 30iger Jahren außerordentlich produktiv. Seine Ideen waren zu dieser Zeit von den unterschiedlichsten Denkern beeinflusst, hierzu zählen unter anderem Kant, Hegel, Marx und Schopenhauer. Einen besonderen Einfluss auf die gesamten Mitglieder des Instituts hatten Marx, Freud und Weber, deren Gedanken in unterschiedlichen Ausprägungen in den Theorien Platz finden. Durch den Aufstieg des Nationalsozialismus war das gesamte Institut zur Emigration gezwungen und die Publikation der Zeitschrift für Sozialforschung war somit einigen Schwierigkeiten ausgesetzt. In den USA tat sich das Institut anfangs sehr schwer sich zu etablieren und Fuß zu fassen. Im Einzelnen waren die Denker der Frankfurter Schule zu dieser Zeit jedoch äußerst produktiv und es erschienen einige Schlüsselwerke der Kritischen Theorie, unter anderem die von Horkheimer und Adorno verfasste „Dialektik der Aufklärung“ und die „Studien zum Autoritären Charakter“. Nach dem zweiten Weltkrieg gerieten Horkheimers publizistische Leistungen immer mehr in den Hintergrund. Es erschien noch seine in Amerika gehaltene Vorlesung „Zur Kritik der Instrumentellen Vernunft“, danach übernahm er vorwiegend öffentlich repräsentative Aufgaben. Adorno wurde immer mehr zur Schlüsselfigur der kritischen Theorie und trat 1958 offiziell die Leitung des Instituts an (vgl. Gertenbach et al. 2009, S.199).

Entwurf einer Theorie kritischer Sozialforschung

Horkheimer konstatiert für eine kritische an Marx orientierte Gesellschaftstheorie die Distanzierung und Ablehnung des orthodoxen Marxismus und dessen deterministischen Geschichtsbegriffs. Vielmehr strebt er die Überwindung einer bloß an der marxschen Ökonomie ausgerichteten Sozialforschung an. Um dieses Ziel zu erreichen errichtete er das Institut auf der Basis Interdisziplinärer Sozialforschung, die Philosophie, Ökonomie, Soziologie, Psychologie und Politikwissenschaften verbindet und die dadurch entstandene Theorie empirisch überprüfen soll. Mit der interdisziplinären Ausrichtung will er die Abspaltung der Theorie in einzelne isolierte Sphären verhindern:

> *„Die traditionelle Vorstellung der Theorie ist aus dem wissenschaftlichen Betrieb abstrahiert, wie er sich innerhalb der Arbeitsteilung auf einer gegebenen Stufe vollzieht. Sie entspricht der Tätigkeit des Gelehrten, wie sie neben allen übrigen Tätigkeiten in der Gesellschaft verrichtet wird, ohne dass der Zusammenhang zwischen den einzelnen Tätigkeiten unmittelbar durchsichtig wird. In dieser Vorstellung erscheint daher nicht die reale gesellschaftliche Funktion der Wissenschaft, nicht was Theorie in der menschlichen Existenz, sondern nur, was sie in der abgelösten Sphäre bedeutet, worin sie unter den historischen Bedingungen erzeugt wird“.* (Horkheimer 2011, S. 214)

Wichtig für Horkheimer war es in seinem Konzept ökonomische, politische und kulturelle Herrschaftsmechanismen, die auf die Psyche wirken und zur Aufrechterhaltung der bestehenden Gesellschaftsstruktur beitragen, zu identifizieren. Die Verbindung von Theorie und Praxis nimmt hiermit einen besonderen Stellenwert in Horkheimers Konzept ein. Damit will er einen weitläufigen Trend seiner Zeit entgegenwirken, in dem theoretisch philosophische Forschung und Empirie getrennt wurden.

Als Maßstab für die Kritische Theorie gilt die Totalität der Gesellschaft, d.h. deren sozialen Entstehungszusammenhang als Ganzheit zu überblicken. Um die Totalität der Gesellschaft erkennen zu können ist geschichtliche Reflexivität unverzichtbar. Geschichte ist als gesellschaftlicher Prozess des Wandels zu verstehen, der für die Konstitution der gesellschaftlichen Eigenheiten verantwortlich ist. Aufgabe einer Gesellschaftstheorie, die immer auch ihren soziohistorischen Kontext reflektiert, ist es unter der Oberfläche der gesellschaftlichen Totalität wurzelnden Widersprüche zu identifizieren. Es gilt diese dialektischen unserer Zivilisation inne wohnenden Missstände herauszuarbeiten und im Hinblick auf eine bessere Gesellschaft zu überprüfen. Der Anspruch auf eine emanzipierte Gesellschaft speist dabei die Kritik an den herrschenden Zuständen. Hierin wird auch auf die marxsche „Kritik der politischen Ökonomie" vermehrt Bezug genommen um gesellschaftliche Ungerechtigkeiten und Klassenstrukturen aufzudecken.

> *„Der Kampf gegen die harmonistischen Illusionen des Liberalismus, die Aufdeckung der ihm einwohnenden Widersprüche und der Abstraktheit seines Freiheitsbegriffs wird an den verschiedensten Orten der Welt dem Wortlaut nach übernommen und zur reaktionären Phrase verdreht. Dass die Wirtschaft: anstatt die Menschen zu beherrschen, ihnen dienen solle, führen eben die im Munde, die seit je unter der Wirtschaft bloß ihre eigenen Auftraggeber verstanden wissen wollten. (…) Im Begriff des »heiligen Egoismus« und des Lebensinteresses der eingebildeten »Volksgemeinschaft« wird das Interesse der wirklichen Menschen auf ungehinderte Entfaltung und glückliche Existenz mit dem Machthunger der ausschlaggebenden Gruppen vertauscht."*
> (ebd., S. 264 – 265)

Im Mittelpunkt der Zurückweisung Horkheimers stehen zwei weitläufige Forschungsdisziplinen bzw. theoretische Konzepte, die als Ideologie bezeichnet werden. Auf der einen Seite die Metaphysik des Idealismus, des Neukantianismus und die Ontologie Heideggers, auf der andern Seite der Positivismus. Die Metaphysik fragt nach dem Ontos, dem Sein als Grundkonzept der bestehenden Wirklichkeit, unabhängig von gesellschaftlichen und historischen Strukturen postuliert sie deren abgeschlossene wahrhafte Gültigkeit. Metaphysik mit einem transzendentalen Weltverständnis kommt deshalb in Versuchung gesellschaftliche Kategorien mit idealistischen Positionen zu mischen, dies führt zu einem teils mystischen Gesellschaftsverständnis. Auf der anderen Seite steht der Positivismus, der abgelehnt wird weil er das den Naturwissenschaften entlehnte Falsifikationsprinzip auch auf soziale wie gesellschaftliche Prozesse stülpen will, deren Prozesse abstrahiert und zu messen versucht. Er gibt sich dabei ahistorisch, antiphilosophisch, nicht sozialreflexiv (eigene Wissenschaft als Gegenstand des Sozialen) und Faktenfixiert (vgl. Schweppenhäuser 2010, S.19).

Beide Disziplinen, Metaphysik sowie Positivismus gehen von dem verwerflichen Gedanken aus, dass die Gesellschaft eine natürliche oder von Gott gewollte Ordnung darstelle. Dem gegenüber stellt Horkheimer seinen Materialismus, der die Gesellschaft als vom Menschen in seiner expliziten historischen Wirklichkeit gemacht sieht. Dialektisch ist dieser im Sinne, dass er durch die Negation gesellschaftlicher Widersprüche über das Bestehende hinausweist.

Teil der Ideologiekritik ist es vom Kapitalismus produzierte Missstände aufzudecken:

- Hierzu gehört die Analyse des im Kapitalismus alles verdeckende Warenfetischismus, der wie ein Schleier gesellschaftliche Produktionsprozesse umgibt.
- Die Verdinglichungsmechanismen, die den Menschen von sich selbst, seiner Arbeit, dem Produkt seiner Arbeit, der Natur, der Gesellschaft und anderen Menschen entfremdet.
- Die Verwarenförmigung von Beziehungen und Austauschverhältnissen in denen sich die Menschen selbst als Waren begegnen und sich und die Natur nach dem Mittel der instrumentellen Vernunft ausnutzen.
- Sowie die Rationalisierung ganzer Gesellschaftsschichten, die zur völligen Verwaltung durch Politik und Ökonomie führen, die von der Kritischen Theorie als Staatskapitalismus bezeichnet werden.
- Die Autoritären Strukturen, die von einer kapitalistischen in eine faschistische Zivilisation mündeten.
- Die Kulturindustrie als Erzeuger von Ideologie als Beeinflussung und Manipulation des Massenbewusstseins.

- Und die Aufdeckung kapitalistischer und kultureller Krisen, die dazu führen, dass sich das Individuum in faschistische Verhaltensweisen flüchtet.

Faschismus als Konsequenz der kapitalistischen Wirtschaftsform

Horkheimer geht in seinen sozialphilosophischen Untersuchungen davon aus, dass der Kapitalismus nicht zufälligerweise in den Faschismus führte. Vielmehr würden sich Kapitalismus und Faschismus gegenseitig bedingen. Der Faschismus ist somit als Konsequenz der kapitalistischen Wirtschaftsform zu verstehen, der durch das Versagen des ökonomischen Liberalismus in den totalitären Staat mündete (oder immer wieder neu münden kann). *„Wer aber vom Kapitalismus nicht reden will, sollte auch vom Faschismus schweigen“* (Horkheimer 2009, Bd4; S. 308-309), postuliert Horkheimer in seinem Aufsatz „Die Juden und Europa“. Um seine Gedankengänge zu verstehen gilt es seinen Begriff vom Liberalismus, totalitären Staat sowie sein Geschichtsverständnis der Moderne zu rekonstruieren.

Referenzpunkt seiner theoretischen Überlegungen ist dabei die marxsche Kapitalismusanalyse. Im Gegensatz zum Liberalismus in dem das Prinzip der Klassenherrschaft gegenwärtig ist, habe sich diese im Faschismus nur zu einer Form der Volksgemeinschaft weiterentwickelt. Der Liberalismus hat in seiner Grundform und Organisationstruktur eine faschistische Gesellschaft unterstützt, da dieser durch freie Verträge Herrschaftsverhältnisse, die durch die Ungleichheit des Eigentums erzwungen werden mussten, reproduzierte (vgl. ebd., S. 309).

> *„Dieselben ökonomischen Tendenzen, die durch den Konkurrenzmechanismus zur immer höheren Produktivität der Arbeit treiben, schlagen in Kräfte sozialer Desorganisation um. Der Stolz des Liberalismus, die technisch äußerst entfaltete Industrie, macht sein Prinzip zuschanden, indem der Verkauf der Arbeitskraft für große Teile der Bevölkerung unmöglich wird.“* (ebd., S. 309)

Horkheimer sieht den Faschismus in der Krise des liberalen Kapitalismus begründet und nimmt Bezug auf die tiefe Depression, die sich Ende der Zwanziger Jahre entfaltet hat und mit dem Schwarzen Freitag ihren Anfang nahm. Das Bürgertum des Liberalismus war vor dem Faschismus durch Konkurrenzkampf, der die Vergrößerung des Betriebs durch den Zwangsfaktor des Profits und des Mehrwerts anstrebte, organisiert. Die Arbeiter wurden als Dreh- und Angelpunkt in der zwischenbetrieblichen Konkurrenz gebraucht. Mit dem Aufkommen des Monopolkapitalismus verspricht das Kapital durch vermehrte Investitionen keine hohen Profite mehr, und der Mehrwert als vom Arbeiter erzeugtes Mehrprodukt sinkt im Vergleich zur Größe des Produktionsapparats. Dieser Prozess erzeugt Arbeitslosigkeit. Waren für Arme oder Arbeitslose zu produzieren, um deren Bedürfnisse zu stillen widerspricht den Prinzipien des Kapitalismus, dieser produziert nicht für den Menschen sondern für den Umsatz. *„Ohne Arbeit kein Brot“* (ebd., S. 310) schlussfolgert Horkheimer.

Das verzweifelte Ende des liberalen Kapitalismus zeigt sich durch Kompensation, in der staatliche Aufträge zur Ankurbelung der verfallenden Marktwirtschaft durchgeführt werden, da dieser nicht in der Lage ist die arbeitslos gewordenen Menschen zu ernähren. Die Gegebenheit, dass Unternehmer besteuert werden um den Armen zu helfen, verkehrt die Verhältnisse. Kapitalistisch Schwache werden zu Ausbeutern der Kapitalisten (Industriebesitzer). Doch die spätliberalistische Wohlfahrtspolitik konnte sich nicht gegen die Produktionsverhältnisse des Monopolkapitalismus durchsetzen, es entstand die totalitäre Herrschaft die Unterwürfigkeit und Zwang dem Sozialcharakter der Menschen auferlegte. Anstelle des Wohlfahrtsstaates wurde die totale Bürokratie gesetzt, in der die Menschen den letzten Ausweg sahen um von der deregulierten und Krisen durchseuchten liberalistischen Ökonomie gerettet zu werden. Der autoritäre Staat ist die Konsequenz der Kompensation des in der liberalistischen Wirtschaftsordnung entwurzelten Menschen. Somit gilt der Faschismus als Endstadium des Kapitalismus. Diese Entwicklung gleicht nach Horkheimer dem geschichtlichen Wandel eines mittelalterlichen Handwerksmeisters in einen protestantischen Bürger (vgl. ebd. S. 311-312).

> *„Im Spätkapitalismus verwandeln sich die Völker zuerst in Unterstützungsempfänger und dann in Gefolgschaften. (…) Nur kann*

> *man sie nicht wie damals in die Manufakturen pressen, die Zeit der privaten Unternehmung ist vorbei. Der faschistische Agitator fasst seine Leute zum Kampf gegen die demokratischen Regierungen zusammen. Wenn es während des Übergangs immer weniger lockt, Kapital in die nützliche Produktion zu investieren, so wird das Geld in die Organisation der Masse gesteckt, die man der aufgeklärten vorfaschistischen Regierung entreißen will.*" (ebd., S. 312-313)

Die Transformation vom Kapitalismus in den Faschismus, bedeutete nicht dessen Aufhebung, sondern bloß die Änderung der Vorzeichen in seiner Struktur, die von Horkheimer Staatskapitalismus genannt wird. Dieser zeichnet sich in seiner Organisationform durch totale Kontrolle, Bürokratisierung und ökonomische Konzentration aus. Der Parteiapparat vereint Politik und Wirtschaft in ihrer reinsten Form, politische Gegner werden verfolgt und hingerichtet. Die Kulturindustrie im Faschismus konstruiert Propagandamaterialen um den Führerkult und die Stärke der Partei nach innen und nach außen zu repräsentieren. Der totalitäre Staat ist repressiv und fordert die Unterwerfung der Menschen in jeglicher Hinsicht. Der Machtapparat macht jegliche Regung der Individuen hin zur Eigeninitiative unmöglich. Im Gegensatz zum Staatssozialismus, der sich am konsequentesten von der Herrschaft des Privatkapitals befreit hat, gilt der Faschismus als Mischform.

> *„Auch hier wird der Mehrwert zwar unter staatlicher Kontrolle gewonnen und verteilt, er fließt jedoch unter dem alten Titel des Profits in großen Mengen weiter an die Industriemagnaten und Grundbesitzer.*" (Horkheimer 2003, Bd. 5, S. 300)

Kritik der Instrumentellen Vernunft

Horkheimer rekonstruiert in seinem Werk „Kritik der Instrumentellen Vernunft" die Geschichte der Vernunft. Er unterscheidet dabei zwischen objektiver und subjektiver Vernunft. Unter Objektiver Vernunft versteht Horkheimer *„eine allumfassende oder fundamentale Struktur des Seins"* (Horkheimer 2007, S. 25) aus der menschliche Bestimmungen abgeleitet werden können (vgl. ebd., S. 25).

Von der Antike bis zur Aufklärung sieht Horkheimer Systeme objektiver Rationalität vorherrschen. Subjektive Vernunft zeichnete sich in dieser Zeit dadurch aus, dass sie sich an den Maßstäben Objektiver Vernunft orientierte. Im 19. und 20. Jh. wurde die Objektive Vernunft von der Subjektiven Vernunft abgelöst, der Nutzen des einzelnen in der Gesellschaft rückte in den Vordergrund.

Als erstes großes System der Objektiven Vernunft nennt Horkheimer den Platonismus. Platon versuchte durch seine Ideenlehre und seinen idealistischen Staat einen Objektiven Bezugsrahmen des Handelns zu schaffen, der ein glückliches und erfolgreiches Leben, das sich im Dienste des höchsten Gutes und der menschlichen Bestimmung stellt, zu ermöglichen. Im Mittelalter wurde Vernunft und Religion verbunden, Denken und Handeln galt als vernünftig wenn es an religiösen Werten und Pflichten orientiert war. Im 17. und 18. Jh. in der Zeit der Aufklärung wurde eine Trennung von Vernunft und Religion angestrebt. Nicht die Objektive Vernunft an sich sollte abgeschafft werden, sie sollte nur durch ein rationales System ersetzt werden. Dadurch gewannen besonders das Rechtsystem und der Nationalstaat an Bedeutung. Im Laufe des 19. Jh. und besonders im 20. Jh. löste sich die Subjektive Vernunft von der Objektiven Vernunft. Gründe dafür waren die Ideologie des Liberalismus der Vernunft auf reine Selbsterhaltung reduzierte und der Relativismus der Vernunft einzig auf rational begründete Argumente festschrieb. Hier kann man vom Aufkommen der Instrumentellen Vernunft sprechen, deren Aufgabe es ist *„Wahrscheinlichkeiten zu berechnen und dadurch einem gegebenen Zweck die richtigen Mittel zuzuordnen.“ (ebd., S. 29)* Gleichwohl kritisierte Horkheimer auch den Pragmatismus als eine der Instrumentellen Vernunft angehörenden Philosophie, da sie durch ihre Ausrichtung auf die Nützlichkeit einer Praxis, die Philosophie als Selbstzweck des Denkens verneine:

> *„Wenn wahre Urteile über Objekte und damit der Begriff des Objekts selbst einzig in <Effekten> auf das Handeln des Subjekts bestehen, ist es schwer einzusehen, welche Bedeutung dem Begriff ›Objekt‹ noch zugeschrieben werden könnte. Nach dem Pragmatismus ist Wahrheit nicht um ihrer selbst Willen wünschenswert, sondern insofern, als sie am besten funktioniert, als sie uns zu etwas führt, das der Wahrheit selbst fremd ist“.* (ebd., S.63)

Die schlimmste Konsequenz der Instrumentellen Vernunft, die auf Selbsterhaltung bzw. Maximierung des Nutzens und Relativismus basiert, zeigt sich in dem sie durch ihren subjektiven Charakter kein Vernünftiges Argument gegen menschenverachtende Ideologien aufbringen kann:

> *„Wenn sich aber die Lage ändert, wenn mächtige ökonomische Gruppen es nützlich finden, eine Diktatur zu errichten und die Herrschaft der Mehrheit abschaffen, kann ihrem Handeln kein auf der Vernunft begründeter Einwand entgegengesetzt werden. (...) Die einzige Erwägung, die sie davon abhalten könnte, wäre die Möglichkeit, daß ihre eigenen Interessen gefährdet würden und nicht die Sorge, eine Wahrheit oder die Vernunft zu verletzen."* (ebd., S. 42)

Den Nationalsozialismus kann man als Versuch deuten, die Subjektivierung der Vernunft durch eine neue Objektive Ordnung rückgängig zu machen. Horkheimer warnt deshalb auch davor sich wieder in religiöse oder philosophische Dogmen zu flüchten um die Subjektivierung der Vernunft zu umgehen. Auch am Festhalten an dem Positivismus sieht Horkheimer keine Alternative, da sich dieser durch die Zerstörung von Mythen selbst in einen Mythos verwandelt hat, *„der die Menschheit an das anzupassen versucht was die Theorie als wahr ansieht."* (vgl. ebd., S. 103)

Theodor W. Adorno

Adorno war Philosoph, Soziologe, Musikkritiker und Komponist. Seine Schriften in der Zeitschrift für Sozialforschung kreisten um das Phänomen der Massenkultur in Kunst und Musik. Sein Denken war neben Marx, Freud und Weber, vor allem von Walter Benjamin und Siegfried Kracauer inspiriert. Besonders der Aufsatz „Das Kunstwerk im Zeitalter seiner technischen Reproduzierbarkeit" von Benjamin und der Essay „Das Ornament der Masse" von Kracauer haben Adorno maßgeblich beeinflusst. Die Theorie der Kulturindustrie wäre ohne diese fundamentalen Werke nicht denkbar gewesen. Erst genanntes Werk behandelt den Verlust der Aura in der Kunst durch technische Vervielfältigung, letzteres die Fähigkeit durch Kulturmedien wie Film, Fernsehen, Radio und Musik das Massenbewusstsein zu beeinflussen. Durch das Zusammendenken beider Theorien und deren negative Umdeutung durch die Verdinglichungstheorie *Lukács* gelingt es Adorno die Theorie der Kulturindustrie zu konstruieren. Sehr großen Einfluss auf ihn hatte sein Freund Kracauer gerade deshalb, weil er ihn in seiner Freizeit die Theorien Kants näher brachte. Adorno war vor der Aufnahme ins Institut in einer Kompositionslehre bei Alan Berg und Arnold Schönberg (vgl. Wiggershaus 2010, S. 90 – 93). Zu jener Zeit war er hin und her gerissen sich für eine philosophische oder eine musikalische Karriere zu entscheiden. Schriftstellerisch verfasste er Artikel über Kultur, Musik und Kompositionen.

Nach seiner Habilitation bei Paul Tillich hielt er 1931 seine Antrittsvorlesung für das Fach Philosophie und war von nun an als Privatdozent tätig. 1933 wurde ihm die Lehrerlaubnis durch die Nazis entzogen (ebd. S.111-112). Nach mehreren Zwischenstopps im Exil emigrierte Adorno 1938 zu den anderen Institutsmitgliedern nach New York.

Im Exil entstanden zwei seiner wichtigsten Werke, die „Dialektik der Aufklärung", die er zusammen mit Horkheimer entwarf und die „Minima Moralia". Des Weiteren fanden dort die „Studien zum Autoritären Charakter" statt, die unter der Leitung Adornos durchgeführt wurden. Zurück im Nachkriegsdeutschland sah sich Adorno für die Aufarbeitung des Antisemitismus verantwortlich und hielt im Radio und Rundfunk Vorträge. In diesem Zusammenhang erstanden auch die Vorträge „Erziehung zur Mündigkeit" und „Erziehung nach Ausschwitz", in denen er Ansprüche an die Pädagogik formulierte. Seine Intellektuelle Schaffensphase im Nachkriegsdeutschland beeinflusste darüber hinaus indirekt viele Studenten und Studentinnen der 68er Bewegung. Die „Negative Dialektik", die als sein philosophisches Hauptwerk gilt, erschien 1966, sein zweites großes Werk die „Ästhetische Theorie" erschien im Nachlass in unvollendeter Form. Letzteres wird in dieser Abhandlung nicht thematisiert.

Dialektik der Aufklärung

Obwohl zusammen mit Horkheimer verfasst, wird die Dialektik der Aufklärung hier unter Adornos Namen genannt, weil er die darin entwickelten Gedanken in seinen darauf folgenden Schriften erweiterte. Adorno und Horkheimer versuchten in ihrem Werk nicht weniger als zu ergründen *„warum die Menschheit, anstatt in einen wahrhaft menschlichen Zustand einzutreten, in eine neue Art von Barbarei“* (Horkheimer/ Adorno 2011, S.1) versank. Ihre Antwort darauf ist, dass die Barbarei (Nationalsozialismus) der Vernunft inne wohnt und in unserer Zivilisation eingeschrieben ist. Aus diesem Grund habe sich die Aufklärung einer Selbstkritik zu unterziehen: *„Die rastlose Selbstzerstörung der Aufklärung zwingt das Denken dazu, sich auch die letzte Arglosigkeit gegenüber den Gewohnheiten und Richtungen des Zeitgeistes zu verbieten.“* (ebd., S.1)

Horkheimer und Adorno versuchen in ihrem Werk die Geschichte der Vernunft zu rekonstruieren. Am Anfang als der Mensch aus dem Naturzyklus hinaustrat war seine Beziehung zur Natur durch Mimesis gekennzeichnet. Er konnte sich den Naturphänomenen nur anpassen und war ihnen ausgeliefert. Im Laufe der Zeit wurden diese Naturphänomene mystisch aufgeladen und personifiziert. Diesen beseelten Ereignissen der Natur wurden Opfer dargebracht, um sie zu besänftigen oder um sie den Menschen nutzbar zu machen. Aus diesen Mythen entwickelte sich der Polytheismus, der Teile der Opfergaben beibehielt und unterschiedlichen Göttern verschiedene Eigenschaften zusprach. Dieser mündete schließlich in den Monotheismus der den Mensch auf eine Ebene mit Gott stellte (vgl. Schwandt 2010, S. 91 – 92). Der Glaube sollte im Zeitalter der Aufklärung letztendlich von der Vernunft ersetzt werden und objektive Erkenntnis der Natur ermöglichen. An diesem Punkt wenden Horkheimer und Adorno ein, dass die Aufklärung den Mythos nicht überwunden hat sondern in diesem verstrickt ist:

> *„Aber die Mythen, die der Aufklärung zum Opfer fallen, waren selbst schon deren eigenes Produkt. In der wissenschaftlichen Kalkulation des Geschehens wird die Rechenschaft annulliert, die der Gedanke in den Mythen einmal vom Geschehen gegeben hatte. Der Mythos wollte berichten, nennen, den Ursprung sagen: damit aber darstellen, festhalten, erklären. (…) Wie die Mythen schon Aufklärung vollziehen, so verstrickt Aufklärung mit jedem ihrer Schritte tiefer sich in Mythologie. Allen Stoff empfängt sie von den Mythen, um sie zu zerstören, und als Richtende gerät sie in den mythischen Bann.“* (Horkheimer/ Adorno 2011, S. 14)

Der Mythos will selbst schon über Geschehnisse aufklären, der Unterschied zu der modernen Vernunft ist nur die Art und Weise wie dies geschieht. Der Vernunftbegriff der Aufklärung ist durch Berechnungen und Abstraktionen gekennzeichnet. An den Platz wo früher Worte waren sind Zahlen getreten, die Mensch und Natur zu reinen Dingen machen. Um diesen Gedankengang zu verstehen ist es wichtig, die Theorien von Freud, Weber, Marx und Lukacs zusammenzudenken. Der Abstraktionsprozess des Geldes (Marx) führt zur Rationalisierung der Produktionsabläufe (Weber), diese führt wiederum zur Triebunterdrückung und Disziplinierung des Menschen, welche ein kulturelles Unbehagen zur Folge haben (Freud). Dieser Verdinglichungsprozess (Lukacs) führt letztendlich dazu, dass Menschen in einer instrumentellen Beziehung zueinander und zur Natur treten. So ist Verdinglichung die Abstraktion des Menschen zu einem reinen Marktwert, Subjektivität wird dadurch negiert:

> *„Nicht bloß mit der Entfremdung der Menschen von den beherrschten Objekten wird für die Herrschaft bezahlt: mit der Versachlichung des Geistes wurden die Beziehungen der Menschen selber verhext, auch die jedes Einzelnen zu sich. Er schrumpft zum Knotenpunkt konventioneller Reaktionen und Funktionsweisen zusammen, die sachlich von ihm erwartet werden. Der Animismus hatte die Sache beseelt, der Industrialismus versachlicht die Seelen. Der ökonomische Apparat stattet schon selbsttätig, vor der totalen Planung, die Waren mit den Werten aus, die über das Verhalten der Menschen entscheiden.“* (ebd., S. 34)

Diesen Prozess versuchen Horkheimer und Adorno durch den Mythos des Odysseus zu veranschaulichen. Odysseus muss sich auf seiner Reise vielen Gefahren und Aufgaben stellen, die er nur durch Vernunft und List lösen kann. Dabei muss er seine Gefühle und Gelüste unterdrücken und das Leben seiner Gefährten opfern. Er verleugnet sich selbst um ans Ziel zu kommen. (Schwandt 2010, S .93) Als Odysseus und seine Gefährten an den Sirenen vorbeifahren, verstopft er ihnen die Ohren mit Wachs und lässt sich selbst an einem Mast binden, um dem Gesang der Sirenen lauschen zu können. Odysseus wird *„im Leiden mündig.“* (Horkheimer/ Adorno 2011, S39) Um an sein Ziel zu kommen unterwirft er sich seiner Vernunft und benutzt seine Gefährten als Instrumente. Damit die Natur ihn nicht beherrschen kann muss er sich und andere beherrschen, dadurch entfremdet er sich zuletzt auch von der Natur: *„Furchtbares hat die Menschheit sich antun müssen, bis das Selbst, der identische, zweckgerichtete, männliche Charakter des Menschen geschaffen war, und etwas davon wird noch in jeder Kindheit wiederholt.“* (ebd., S. 56)

Die Theorie der instrumentellen Vernunft, die in einem der vorherigen Kapitel erläutert wurde, ist an dieser Stelle sehr wichtig. Adorno und Horkheimer erklären, dass Aufklärung im Kantschen Sinne nicht zur Mündigkeit geführt hat sondern zu einer reinen subjektivistischen Vernunft der Selbsterhaltung. Besonders Nietzsches Philosophie und De Sades Romanfiguren seien das Gegenbild zur kantischen Vernunft. Bei Nietzsche und De Sade verwandelt sich die Aufklärung zu einer Antireligiosität, die zur Verneinung aller in der Religion enthaltenen Prinzipien führt. Moralische Werte werden bei De Sades Romanfigur Juliette einfach umgekehrt oder verneint. Sie verehrt das Laster und benutzt die Vernunft zur Schaffung von Vorteilen. Nietzsche hingegen kehrt die christliche Mitleids Ethik in ihr Gegenteil um und feiert eine neue Herrenmoral: *„Die Schwachen und Missrathnen sollen zu Grunde gehen: erster Satz unsrer Menschenliebe. Und man soll ihnen noch dazu helfen.“* (Nietzsche 2012 ,S. 821) Horkheimer und Adorno erwähnen dazu:

> *„Die Unmöglichkeit, aus der Vernunft ein grundsätzliches Argument gegen den Mord vorzubringen, nicht vertuscht, sondern in alle Welt geschrien zu haben, hat den Haß entzündet, mit dem gerade die Progressiven Sade und Nietzsche heute noch verfolgen. (…) Indem die mitleidlosen Lehren die Identität von Herrschaft und Vernunft verkünden, sind sie barmherziger als jene der moralischen Lakaien des Bürgertums.“* (Horkheimer/ Adorno 2011, S. 127)

Eine weitere Thematik, die im Buch Dialektik der Aufklärung entfaltet wird ist die Theorie der Kulturindustrie. Die Kulturindustrie ist in erster Instanz ein geschichtlicher Moment, der erst dann auftauchte als die Produktivkräfte des Kapitalismus soweit entwickelt waren, dass Produkte als Massenwaren verkauft werden konnten. Durch eine solche Entwicklung wurde die materielle Kultur von der geistigen Kultur getrennt, d.h. die Produktion von kulturellen Werten und Gebrauchsgegenständen lief nicht mehr simultan ab. Die Industrie war nun in der Lage kulturelle Produkte von außen an die Bevölkerung zu bringen. Der Gebrauchswert der kulturellen Produkte verwandelt sich in einen Tauschwert. Nicht mehr der kulturelle Nutzen war wichtig für die Produktion sondern das Geld, dass diese veräußerte. Deswegen drückte sich der Wert eines Kulturgutes nicht mehr dadurch aus, dass es gebraucht sondern wie oft es verkauft wurde. Die Qualität wurde durch Quantität ersetzt. Kultur wird zum standardisierten Konsumgut. Durch Massenproduktion gleicht sich die materielle Kultur überall auf der Welt an. Darum wird auch Kunst zum reinen Konsumgegenstand und verliert ihren Wert an sich:

> „*Was man den Gebrauchswert in der Rezeption der Kulturgüter nennen könnte, wird durch den Tauschwert ersetzt, anstelle des Genusses tritt Dabeisein und Bescheidwissen, Prestigegewinn anstelle der Kennerschaft. Der Konsument wird zur Ideologie der Vergnügungsindustrie, deren Institutionen er nicht entrinnen kann. Alles hat nur Wert, sofern man es eintauschen kann, nicht sofern es selbst etwas ist. Der Gebrauchswert der Kunst, ihr Sein, gilt ihnen als Fetisch, und der Fetisch, ihre gesellschaftliche Schätzung, die sie als Rang der Kunstwerke verkennen, wird zu ihrem einzigen Gebrauchswert, der einzigen Qualität, die sie genießen. So zerfällt der Warencharakter der Kunst, indem er sich vollends realisiert.*“ (ebd., S. 167)

Kultur wird zur reinen Unterhaltungsindustrie um die Dynamik des Kapitalismus am Laufen zu halten. Nun hat die Kulturindustrie eine zusätzliche Funktion welche Adorno und Horkheimer als Massenbetrug bezeichnen. Dadurch, dass die Industrie Kultur von außen an die Menschen bringen kann, kann sie sie auch manipulieren. Von außen an den Menschen bringen bedeutet, dass Kultur durch die Industrie entwickelt wird und durch den Verkauf erst in die Gesellschaft gelangt. Kultur also nicht in gesellschaftlichen Situationen des Bedarfs entsteht, sondern von jenen losgelöst in den verdinglichten Verhältnissen der Fabrik. Die Manipulation erfolgt dadurch, dass mit der Produktion von Waren auch Werte oder Lebensstiele entäußert werden können, um Menschen zu beeinflussen oder sie zum Kauf zu bewegen. Dies geschieht zum Beispiel durch Werbung, Effekte oder den vorproduzierten Lachern in Fernsehserien. Kulturindustrie kann aber nicht nur materielle Kultur an den Menschen bringen, sondern auch neue kulturelle Werte produzieren. Das beste Beispiel dafür ist der Weihnachtsmann der als

Werbeprodukt von Coca Cola erfunden wurde um Waren zu veräußern und sich dann zu einem Teil der geistigen Kultur in vielen Ländern entwickelt hat. Ideologie und Entfremdung werden in diesem Sinne Teil der Konsumsphäre.

Fortschrittskritik und Positivismusstreit

Der Positivismusstreit der deutschen Soziologie fand 1961 in Tübingen statt und benennt eine sozialwissenschaftlich methodologische Auseinandersetzung zwischen Popper und Adorno. Ersterer vertrat die Theorie des kritischen Rationalismus, die an dem der Naturwissenschaften entlehnten Falsifikationsprinzip orientiert ist. Nach Popper gilt es sich durch die Falsifikation von Hypothesen immer weiter an die objektive Realität anzunähern. Adorno hingegen vertrat eine kritisch dialektische Methode die versucht die Gesellschaft in ihrer Totalität wahr zunehmen und auf ihren soziohistorischen Kontext zu reflektieren. So müssten empirische Daten und Beobachter selbst immer auf ihre gesellschaftlich und historische Enstehungszusammenhänge rückbezogen werden und dürften nicht als Objektiv gültiges Gesetz stehen bleiben. Kritik beziehe sich nach Adorno immer auf den Gegenstand selbst und auf dessen gesellschaftliche Bezogenheit. Er lehnt es ab Kritik als Verfahren von Versuch und Irrtum zu verstehen so wie es Popper in seinem Konzept des kritischen Rationalismus tut, vielmehr habe diese im Verhältnis von Theorie und Praxis gesellschaftliche Missstände aufzuzeigen.

Hieraus rührt auch die Kritik an der Theorie der Wertefreiheit von Weber. Nach Adorno sind gesellschaftliche Positionen immer schon durch Werte vorgeprägt, jene sollten nicht einfach ignoriert werden. Eine objektive positivistische Theorie ohne Werturteil ist mit Verdinglichung gleichzusetzen, da diese durch ihren Anspruch auf Objektivität, kritikunfähig wird und deshalb die herrschenden Verhältnisse stützt. Wissenschaft hat durch ihren Anspruch auf Wertefreiheit eine eigene Fortschrittsdynamik angenommen in der der Fortschritt um des Fortschritts Willen am Laufen gehalten wird. Ganz nach den Prinzipien der instrumentellen Vernunft wurden die Mittel wichtiger als die Zwecke. Adorno erwähnt dazu, dass die Wissenschaft durch den Fortschritt erzeugte Katastrophen immer wieder durch denselben Fortschrittswahn beseitigen will. Fortschrittskritik habe infolgedessen an der Dynamik des Fortschritts selbst anzusetzen. Wirklicher Fortschritt ist für Adorno die Beendigung des Fortschritts selbst:

> *„Fortschritt heißt: aus dem Bann heraustreten, auch aus dem des Fortschritts, der selber Natur ist, in dem die Menschheit ihrer eigenen Naturwüchsigkeit innewird und der Herrschaft Einhalt gebietet, die sie über Natur ausübt und durch welche die der Natur sich fortsetzt. Insofern ließe sich sagen, der Fortschritt ereigne sich dort, wo er endet" (Adorno 1984, S. 103). „Dann verwandelt sich der Fortschritt in den Widerstand gegen die immerwährende Gefahr des Rückfalls. Fortschritt ist dieser Widerstand auf allen Stufen, nicht das sich Überlassen an den Stufengang."* (ebd., S. 118)

Das Individuum im Spätkapitalismus

In Adornos späteren Schriften geht es vor allem um das Verschwinden des Individuums und den durch den gesellschaftlichen Verblendungszusammenhang produzierten verdinglichten Verhältnissen. Der Verblendungszusammenhang gilt als gesellschaftliches Faktum, das durch den Warenfetischismus hervorgerufen wird. Der Fetisch führt zu einer allgemeinen Verblendung der Warenproduktion und deren Entstehungsprozesse. Die vollständige Verdinglichung der Gesellschaft durch den Kapitalismus produziert eine verzerrte Wirklichkeit, die von niemandem restlos durchschaut werden kann. Kritiker haben besonders Adorno vorgeworfen er sehe sich selbst im Gegensatz zum Rest der Menschheit als privilegiert an gesellschaftliche Verblendungsprozesse durchschauen zu können. Eine solche Kritik führt jedoch auf ein Missverständnis seiner Theorie zurück. Adorno versucht zwar die Funktion von gesellschaftlichen Verdinglichungsprozessen zu beschreiben, nicht aber den Produktionsprozess der unterschiedlichen Waren selbst, hier ist auch Adorno Opfer des Verblendungszusammenhangs, da er nicht in der Lage ist das Faktum des Warenfetischismus zu durchschauen. Die Ware selbst tritt mit einem Preis versehen vor Adorno und verrät nichts von ihrem Produktionsprozess.

Die Theorie des Warenfetischismus wird von Adorno durch die Theorie der Kulturindustrie ergänzt. Diese ist wie in der Dialektik der Aufklärung beschrieben, in der Lage Ideologie zu produzieren, die Käufer maßgeblich beeinflusst. Sie besitzt die Fähigkeit das gesamte Bewusstsein der Menschen zu verändern und ihnen ganze Lebensstile, Moden, Trends und Meinungen vorzuproduzieren. Dies geschieht wie oben ausführlich geschildert, durch das Faktum, dass Kultur und Waren nicht nach dem innersten Bedarf der Gesellschaft produziert werden sondern um den maximalen Profit zu veräußern. Adorno deutet die Theorie des Verdinglichten Bewusstseins von *Lukács* soweit um, dass er dem heutigen Individuum die Ich-Fähigkeiten abspricht. Anstatt sie zu fördern verkümmern sie vielmehr in der gegenwärtigen Gesellschaft *„Bei vielen Menschen ist es bereits eine Unverschämtheit, wenn sie Ich sagen"* (Adorno 2003, S. 55), entgegnet Adorno in seiner Schrift „Minima Moralia".

Die gesellschaftliche Erscheinung nach dem Zweiten Weltkrieg bezeichnete er im Anschluss an Werner Sombart als Spätkapitalismus. Trotz der Industrialisierung ganzer Lebensbereiche verteidigt Adorno die Theorie des Spätkapitalismus gegenüber dieser der Industriegesellschaft, da die gegenwärtige Gesellschaft immer noch nach kapitalistischen Gesetzmäßigkeiten produziere. Nach diesen Gesetzmäßigkeiten ist der Profit immer noch wichtiger als der Bedarf. Dieser habe darüber hinaus zu einer alles durchdringenden Steuerung des Menschen geführt (Adorno 1975, S. 158-175). Die spätkapitalistische Gesellschaft ist in ihrer Totalität vom Waren- und Tauschprinzip durchdrungen, alles Individuelle ist von der Kulturindustrie vorprogrammiert, das alltägliche Leben wird zum beschädigten Leben. Die verwaltete Welt des Staatskapitalismus löst das Individuum auf. *„Der Mechanismus der Reproduktion des Lebens, seiner Beherrschung und seiner Vernichtung ist unmittelbar der gleiche, und demgemäß werden Industrie, Staat und Reklame fusioniert."* (ebd., S. 59)

Die Kulturindustrie, der Staatsapparat und die verdinglichte Situation in der das Arbeitsverhältnis stattfindet führen zur vollständigen Determinierung menschlichen Lebens.

> *„Der materielle Produktionsprozess als solcher offenbart sich am Ende als das, was er in seinem Ursprung im Tauschverhältnis, als einem falschen Bewusstsein der Kontrahenten voneinander, neben dem Mittel zur Erhaltung des Lebens zugleich immer schon war: Ideologie. Umgekehrt aber wird zugleich das Bewußtsein mehr stets zu einem bloßen Durchgangsmoment in der*

Schaltung des Ganzen. Ideologie heißt heute: die Gesellschaft als Erscheinung." (ebd., S. 60)

Die kapitalistische Sozietät wirkt als natürliche Gegebenheit, Anthropologie ist in ihrem ursprünglichen Sinne gar nicht mehr möglich (Schwandt 2010, S. 103). Adorno verfolgt die Auswirkungen des Tauschprinzips in seiner „Minima Moralia" bis ins Innere der Gesellschaft. So verändert sich das gesamte Wesen des menschlichen Zusammenlebens. In der „Minima Moralia" geht es vor allem um die Verdinglichung der Alltagserfahrungen der Menschen und deren Beziehungen untereinander. Selbst die alltägliche Moral sieht Adorno im Antlitz des Kapitalismus dahinscheiden, an deren Stelle rekonstruieren sich Zweck-Mittel Beziehungen. In der vollständigen Verwaltung des Lebens gilt nach Adorno deshalb nur noch eins *„der Versuch, alle Dinge so zu betrachten, wie sie vom Standpunkt der Erlösung aus sich darstellten.*" (ebd. S. 283) Mit dieser Aussage verweist Adorno bereit auf sein philosophisches Hauptwerk die „Negative Dialektik" die im folgenden Abschnitt behandelt wird.

Negative Dialektik

Mit der „Negativen Dialektik" versuchte Adorno seine philosophische Methode darzulegen. Sie gilt als sein philosophisches Hauptwerk, da er darin seine erkenntnistheoretischen Überlegungen ausformuliert. Es zeigt sich die Darstellung seiner Philosophie als summa summarum seines Denkens in dem sich seine Heidegger Kritik, seine Positivismus Kritik, seine Hegel Kritik und seine Kant Rezeption vereinigen. Die „Negative Dialektik" ist Adornos Versuch Kritische Theorie philosophisch und methodisch zu begründen, seine soziologischen Arbeiten, seine zusammen mit Horkheimer verfasste „Dialektik der Aufklärung", die „Minima Moralia", sowie seine „Ästhetische Theorie" können alle unter dem Gesichtspunkt der „Negativen Dialektik" gelesen werden.

Am Anfang seines gewichtigen Werkes wendet er sich direkt an Marx und dessen Konstituierung von Theorie und Praxis. *„Philosophie, die einmal überholt schien, erhält sich am Leben, weil der Augenblick ihrer Verwirklichung versäumt ward.*" (Adorno 2003b, S. 15) Hier nimmt er auf die nicht Verwicklung der marxistischen Utopie Bezug, auf die moderne Zivilisation die statt in eine wahrhaft humanen Gesellschaft in Barbarei mündete, auf den sowjetischen Marxismus der Marxens Ideen pervertierte. Es stellt sich für Adorno nun die Frage, was bleibt von der marxschen Philosophie nach dieser barbarischen Wendung der Vernunft? Wie kann eine Philosophie aussehen, die nicht in die Instrumentelle Vernunft mündet, sich nicht dem Positivismus unterwirft, ist Philosophie im Angesicht von Ausschwitz überhaupt noch möglich? Adorno gibt auf die letzte Frage eine klare Antwort, ja Philosophie ist möglich aber nur nach dem negativen Gesichtspunkt der alles umfassenden Kritik. Aus dieser Überlegung heraus unterzieht er Hegels Dialektik einer radikalen Umdeutung, will aber am Konzept der dialektischen Methode angesichts des alles abstrahierenden Positivismus festhalten.

Von Marx übernimmt Adorno die Ansicht, dass die ökonomische Entwicklung der Produktivkräfte die treibenden Kräfte des Fortschrittsprozesses sind, lehnt sein geschichtsdeterministisches Weltbild jedoch ab. Hegels Dialektik in der das Positive vor dem Negativen gestellt wird, weil es eine Identität in der Wirklichkeit besitzt, wird von Adorno die Dialektik der Nichtidentität gegenübergestellt. Er richtet sich gegen Theorien, die sich selbst als Maß des absoluten Wahrheitsanspruches bezeichnen. Er sieht im begrifflichen Denken, selbst schon Verdinglichung, alles identifizierende denken ist eine Form von Entfremdung. Die Negation der Negation kann nicht erzwungen werden, sonst schlägt diese Zwangsmäßig in Barbarei um (vgl. Klein/ Kreuzer/ Müller-Doohm 2011, S. 319 – 321).

> *„Es handelt sich um den Entwurf einer Philosophie, die nicht den Begriff der Identität von Sein und Denken voraussetzt und auch nicht in ihm terminiert, sondern die gerade das Gegenteil, also das Auseinanderweisen von Begriff und Sache, von Subjekt und Objekt, und ihre Unversöhntheit artikulieren will.“* (Adorno 2007, S. 15f)

Oder mit der Umdeutung von Hegel ausgedrückt, *„das Ganze ist das Unwahre“* (Adorno 2003a, S.55). Adorno schließt deshalb das Dialektik sich nicht in der Synthese von These und Antithese aufheben muss. Vielmehr solle die Aufhebung nicht durch den Anspruch auf Kausalität erzwungen werden, denn dadurch berge diese die Gefahr durch Spekulation nicht zu einer positiven Aufhebung, sondern in eine neue totalitäre Gesellschaft zu führen. *„Auch im Äußersten ist Negation der Negation keine Positivität.“* (Adorno 2003b., S. 385)

Hierher rührt auch der Unwille Adornos eine neue Utopie für die moderne Gesellschaft zu entwerfen. Er will durch seine negative Dialektik viele mehr in der Negativität der Wirklichkeit verharren und deren Widersprüchlichkeit in ihrem vollen Ausmaß darlegen. Die negative Dialektik bleibt in der Negation der Position bestehen ohne sich in eine neue Position zu transzendieren, vielmehr will sie durch die Negation auf etwas mögliches besseres außerhalb des Denkens hindeuten. Die Nichtidentität gilt deshalb als Verteidigung der Objektivität, die diese vor der instrumentellen Identitätswerdung beschützt.

> *„Philosophie ließe, wenn irgend, sich definieren als Anstrengung, zu sagen, wovon man nicht sprechen kann; dem Nichtidentischen zum Ausdruck zu helfen, während der Ausdruck es immer doch identifiziert.“* (Adorno 1963., S. 336)

Mit dem Vorrang aufs Objekt nimmt Adorno auf die Metaphysik Kants Bezug. Er ist mit ihm soweit einig indem er die Welt als Konstruktion des Ichs begreift. Also, dass das Objekt nur vom Subjekt aus gedacht werden kann. Daran anschließend bezeichnet er die Metaphysik Kants als *„Guckkastenmetaphysik“* (Adorno 2003b, S.143), die die Welt nur aus der Sicht eines Guckkastens erfassen kann, nie als allumfassende Objektivität. Wirklichkeit kann nicht als logische Beschreibung von Erfahrung abgetan werden. Hier wird auch seine Kritik an Heideggers Fundamentalontologie sichtbar, der die Welt vom Sein aus als Wesen aller Dinge beschreiben will. Dabei sind seine Wesensschau und seine Konstruktionen neuer Begrifflichkeiten von Ideologie behaftet. Seine neu eingeführten Begriffe zur Beschreibung des Seienden *„klingen, wie wenn sie ein Höheres sagten, als was sie bedeuten“* (vgl. ebd., S. 419); sie versprechen die *„Himmelfahrt des Wortes, als wäre der Segen von oben in ihm zu lesen.“* (vgl. ebd., S. 420)

Wie ist Metaphysik dann laut Adorno möglich? Metaphysik kann nur unter dem Gesichtspunkt gesellschaftlicher Prinzipien angewandt werden. Sie verwirklicht sich durch Nichtidentität gesellschaftlicher Erfahrung oder anders gesprochen, in unserer modernen Gesellschaft im Angesicht des Faktums von Ausschwitz ist Metaphysik nur unter der Negation traditioneller Metaphysik möglich. Wahre Sinnsuche kann in einer verdinglichten Gesellschaft, wie sie sich in der moderne Zivilisation zeigt nicht funktionieren, also kann nach Adorno gesprochen Metaphysik nur als Sinnsuche im falschen Leben beschrieben werden (vgl. Schweppenhäuser 2010, S. 50 – 53). *Die „Metaphysische Erfahrung erhält sich negativ am Leben, zum Beispiel in der jedem wohlvertrauten Frage ist das denn alles?"* (ebd., S. 52)

Herbert Marcuse

Versucht man Marcuses theoretischen Werdegang nachzuzeichnen ist dieser unmittelbar mit drei Namen verbunden: Heidegger, Freud und Marx. Zu Beginn seines philosophischen Schaffens muss man Marcuses Beziehung zu Martin Heideggers Philosophie darlegen, dieser war in den 20iger Jahren neben Edmund Husserl sein philosophischer Lehrer. Marcuse begann jedoch schon früh die Theorie Heideggers umzudeuten und sie aus einem historisch dialektischen Blickwinkel zu betrachten. Er übernimmt Heideggers Begriff der Existenz und lenkt diesen in materialistisch, geschichtsphilosophische Bahnen, die von Marx und Hegel beeinflusst sind. Durch diesen Versuch wurde Marcuses Philosophie oft als Heideggermarxismus bezeichnet. Dieser Begriff wird Marcuse keines Falls gerecht, vernachlässigt jener doch den Einfluss eines anderen großen Lehrers, nämlich von Freud. Waren die Schriften vor dem Zweiten Weltkrieg besonders von Hegel, Marx und Heidegger beeinflusst, waren jene nach dem Weltkrieg durch den Versuch einer Synthese von Marx und Freud gekennzeichnet. Nichts destotrotz behielten seine Gesellschaftsanalysen immer auch Elemente der heideggerschen Philosophie. „Triebstruktur und Gesellschaft" kann man als Versuch lesen die Metapsychologie Freuds auf die westliche Gesellschaft anzuwenden. Sie kann auch als indirekte Huldigung der Theorie Freuds angesehen werden, da Marcuse sein Buch als Studie zu Freuds Psychoanalyse verstand. Freuds Thesen wurden darin radikalisiert und soweit gedehnt bis sie mit der marxschen Entfremdungstheorie übereinstimmten. Dadurch, dass er die Theorien Freuds so radikal interpretierte kam er auch in Kontroversen mit Fromm, diesen warf er vor Freuds Psychoanalyse zu einer konformistischen Theorie umgewandelt zu haben.

Für Marcuse ist die Psychoanalyse in ihrer Grundausrichtung schon Gesellschaftstheorie und bedarf keiner soziologischen Revidierung wie sie

Fromm vornimmt. Die Triebtheorie, die bei Fromm größtenteils durch gesellschaftliche Beziehungen ersetzt wird, ist nach Marcuse der Sitz der Radikalität in Freuds Lehre. Des Weiteren konstatiert er Fromm eine mystisch idealistische Aufladung in seiner psychoanalytischen Theorie, in dem er besonders in späteren Werken mit Begriffen wie gut und böse oder produktiv und unproduktiv Teile westlich Ideologischen Denkens übernimmt. Marcuse tat Fromm mit seiner Kritik jedoch überwiegend unrecht, da dessen Theorie besonders durch den Gehalt von Marx und seiner Psychoanalyse als Lehre des Menschen eine kritische Gesellschaftsanalyse beibehielt. Fromm betonte in der Antwort auf Marcuses Kritik er habe mit seiner produktiven Charakterorientierung, niemals eine Idealistische Position einnehmen wollen, seine Konzeption weise selbst schon auf eine bessere Gesellschaft hin, da der produktive Charakter nur in einer solchen zur freien Entfaltung kommen kann. Des Weiteren wirft Fromm Marcuse vor Freud nicht richtig verstanden und dessen Kulturtheorie selbst revisionistisch umgeformt zu haben. Marcuse spiele mit den Begriffen der Repression oder Regression ohne sich mit den klinischen Grundlagen oder den empirischen Forschungen zu Freud beschäftigt zu haben. Trotz Differenzen der beiden Denker gibt es einige Übereinstimmungen in deren Theorien, die von beiden nicht beachtet wurden.

Marcuse ist darüber hinaus der einzige der hier dargestellten Denker der sich intensiv mit dem Sowjet Marxismus auseinandergesetzt hat und diesem eine Studie widmete in der er die Gründe für seinen Zusammenbruch schon vorausahnte.

Sein gesamtes gesellschaftskritisches Denken kommt in der Schrift „Der Eindimensionale Mensch" zur Vollendung, in dem er eine konsumkritische perspektive einnimmt. Konsumkritisch deshalb weil er der fortgeschrittenen Industriegesellschaft die Möglichkeit der Manipulation durch Massenkultur zuschreibt. Diesem Werk geht eine intensive Studie Max Webers voraus. Unverkennbar hat dessen Theorie der Rationalisierung Marcuse darin maßgeblich beeinflusst.

Marcuse gilt als Vordenker der Studentenbewegungen der 60iger Jahre, der er besonders mit „Triebstruktur und Gesellschaft" und dem Werk „Der Eindimensionale Mensch" zwei radikale Manifeste der gesellschaftlichen Umwälzung vorgelegt hat. Er hielt viele verschiedene Vorträge vor den Studenten und nahm auch Themen wie Frauenbefreiung in sein

Denken auf. Mit den Aufsätzen „Repressive Toleranz“ und „Über die Befreiung“ lieferte er Analysen die besonders für die Studenten in deren Praxis der Revolte und deren Umgang mit den herrschenden Verhältnissen auf große Resonanz stießen. Auf die Pädagogik der 68iger hatte Marcuse nur indirekten Einfluss, d.h. aus seiner Gesellschaftsanalyse wurde nicht direkt eine pädagogische Theorie entwickelt. Unter anderem wurde die Theorie der sexuellen Befreiung aus seinen Schriften abgelesen, die jedoch an statt in eine emanzipierte in eine ökonomisierte Sexualität führte.

Triebstruktur und Gesellschaft

In seinem Werk „Triebstruktur und Gesellschaft“ zeichnet Marcuse das „Unbehagen in der Kultur“, welches von Freud beschrieben wurde, nach. In dieser Theorie entwickelt der Mensch Kultur durch Unterdrückung seiner Triebe. Das Lustprinzip, welches nach vollständiger Befriedigung seiner Triebe strebt wird durch das Realitätsprinzip das sich aus Normen, Kultur und soziale Beziehungen zusammensetzt, unterdrückt. In der Ontogenes werden die libidinösen sexuellen und die Ich-Selbsterhaltungstriebe, durch die gesellschaftliche Herrschaft zurückgedrängt. Die Unterdrückung des Lustprinzips führt zu einer Schwächung des Eros (Lebenstrieb) und den damit einhergehenden aufkommen des Thantos (Todestrieb) der für menschliches Unheil und Krieg verantwortlich ist.

> *„Die freie Befriedigung der Triebansprüche der Menschen ist unvereinbar mit einer zivilisierten Gesellschaft: Triebverzicht und Aufschub der Befriedigung sind die Voraussetzungen des Fortschritts.“* (Marcuse 2004, Bd. 5, S. 11)

Im Gegensatz zu Freud ist für Marcuse „das Unbehagen der Kultur“ aber nicht ausnahmslos in der menschlichen Natur eingeschrieben. Das heißt deren Triebunterdrückung ist nicht automatisch Konsequenz der Kulturaneignung des Menschen. Vielmehr ist dieses Unbehagen einzig Voraussetzung der modernen Gesellschaft und deren zivilisatorischen Prinzipien. Diese Annahme gewinnt er durch eine geschichtsreflexive Lesart Freuds. Marcuse gelingt es damit auch die Philosophie Adornos und Horkheimers zu überschreiten, da er die von ihnen dargelegte „Dialektik der Aufklärung" epochenhistorisch umdeutet. So kommt er auch zur Erkenntnis, dass in der Geschichte verschiedene Formen des Realitätsprinzips vorherrschten. Damit ihm diese Interpretation der Gedanken Freuds vollständig gelingt muss er aber noch zwei neue Begrifflichkeiten in dessen Kulturanalyse einfügen: das Leistungsprinzip und die Surplus Repression.

Ersteres ist die historische Erscheinungsform des westlichen Realitätsprinzips, *„das auf der Effizienz und der Fähigkeit beruht, in der Konkurrenz erfolgreich zu bestehen."* (Marcuse 2004, Bd. 9, S. 131) Teil des Leistungsprinzips ist somit auch die Entfremdung des Menschen in der Arbeit und die verdinglichten Verhältnisse der Beziehungen der Menschen untereinander. Sie arbeiten für einen Produktionsapparat, den sie nicht selber lenken oder kontrollieren können, viel mehr beherrscht dieser sie aus den Prinzipien des Kapitals heraus. Während der Arbeit werden nicht die eigenen Bedürfnisse befriedigt, vielmehr wird darin das Lustprinzip stark unterdrückt. Die dadurch entstandene Unterdrückung der Triebe wirkt nicht durch Entladung auf den Aggressionstrieb, vielmehr Empfindet der Mensch diese als äußere objektive Gesetzmäßigkeit die das Leben des Individuums bereichert. Außerhalb der entfremdeten Arbeit gibt es nach Marcuse die Möglichkeit nach dem Lustprinzip zu leben. Jedoch lässt sich das Lustprinzip nicht durch die Zerstückelung der Zeit beherrschen es ist vielmehr zeitlos. Die mechanischen Arbeitsleistungen des langen Arbeitstages führen vielmehr zu einer Abspannung und Erholung von der Arbeitszeit in der Freizeit. Das Individuum wird dadurch passiv und kann sich nichtmehr oder nur zum Teil auf die Befriedigung der Triebe des Lustprinzips konzentrieren. In der industriellen Zivilisation der Massenkultur geht die Entladung des Lustprinzips auf die Lenkung der Unterhaltungsindustrie über. Somit haben Markt und Staat auch die Lenkung der Triebe in der Freizeit übernommen. Der Todestrieb kann gesellschaftlich nicht so stark kontrolliert werden wie der Lebenstrieb, er zeigt sich in seinen abgeleiteten Manifestationen in der Herrschaft des Menschen über den Menschen im Zustand des Sadomasochismus und als Herrschaft des Menschen über die Natur in Form der positivistischen Wissenschaft.

Daran knüpft auch Marcuses Konzept der Surplus Repression an, hierunter summiert er alle *„durch die soziale Herrschaft notwendig gewordene Beschränkungen. Sie unterscheiden sich von der (Grund) Unterdrü-*

ckung, der Triebmodifizierung, die für das Fortbestehen der menschlichen Rasse in der Kultur unerlässlich ist." (Marcuse Bd. 5, S. 38) Er definiert diese als die zusätzliche Lenkung und Machtausübung über Menschen durch besondere Institutionen der Herrschaft (vgl. ebd., S. 40).

In der Surplus Repression manifestiert sich die Herrschaft von Menschen über Menschen, hierzu zählt er unter anderem die hierarchische Arbeitsteilung, die patriarchale Familienstruktur und die öffentlich oder private Kontrolle des Einzelnen. Alle Modifikationen und Ablenkungen von Triebenergien, die einer Institution, die einem bestimmten Realitätsprinzip zugehörig ist, zur Aufrechterhaltung dienen, sind Ausdruck zusätzlicher Unterdrückung. (vgl. ebd., S. 40) In diesem Sinne könnte man auch die Schule als Institution reiner Surplus Repression deuten.

Freud hat die Ananke(Lebensnot) als Ursprung des Realitätsprinzips begründet. Die Repression der Triebe sei deshalb gerechtfertigt, weil die Subjekte deren Befriedigung nicht ohne Arbeit erreichen können. So ist das Realitätsprinzip nur unter einem ökonomischen Gesichtspunkt sinnvoll, da jedes der Gesellschaftsmitglieder arbeiten muss um Lebensmittel zu erhalten. Hier legt Marcuse Einspruch ein und erklärt, dass Freud aus einer historischen Begebenheit auf die Natur des Realitätsprinzips geschlossen hat. Marcuse sieht die Gesellschaft viel mehr in einer Entwicklung angelangt in der nur mehr ein Minimum an Arbeit nötig ist um das Realitätsprinzip aufrechtzuerhalten. Deshalb skizzierte er eine Gesellschaft jenseits des Realitätsprinzips.

> „*Gerade der Fortschritt der Kultur und Zivilisation unter dem Leistungsprinzip hat einen Stand der Produktivität mit sich gebracht, angesichts dessen die Ansprüche der Gesellschaft auf Verausgabung von Triebenergie in entfremdeter Arbeit um ein Beträchtliches vermindert werden könnte(n). Infolgedessen erscheint die fortgesetzte unterdrückende Organisation der Triebe weniger durch den »Kampf ums Dasein« erzwungen als durch ein Interesse an der Verlängerung dieses Kampfes – ein Interesse der Herrschaft.*" (ebd., S. 129)

Marcuse verweist also auf eine Welt in der die Entfremdung in der Arbeit durch den Stand der Produktivkräfte bis zu einem gewissen Grade vermieden werden könnte und auf das Notwendigste reduzierbar ist.

Der Eros wäre in einer solchen Gesellschaft in großem Ausmaß von der Triebunterdrückung befreit. Nun sieht er sich vor der Aufgabe gestellt zu klären wie auch die Surplus Repression als Zeichen gesellschaftlicher Herrschaft verändert werden kann. Er zeichnet deshalb mit Hilfe der ästhetischen Phantasie eine andere neue Form des Realitätsprinzips nach. In Orpheus und Narziss sieht er die Prinzipien dieser neuen Kultur verwirklicht. Diese Urbilder stehen für die neu erworbene Einigkeit mit der Welt ohne den Rückfall in den Naturzustand, sie markieren die große Weigerung von der aus eine neue gesellschaftliche Wirklichkeit möglich ist. Sie treten in Kontakt mit der Welt durch das Spiel und feiern eine befreite Sexualität und einen vollendeten Eros.

Marcuse spricht in diesem Zusammenhang von Selbst-Sublimierung. Arbeit könnte nach dem frei werden solch großer Mengen an Freizeit den Charakter des Spiels annehmen und der Mensch könnte sich durch ästhetische Welterfahrung wie wir sie von der künstlerischen Betätigung kennen, in einer neuen Form menschlicher Arbeit verwirklichen. Marcuse entwirft hier ein utopisches Bild der Gesellschaft das nur schwer in die Praxis umgesetzt werden kann, jedoch ist ihm mit „Triebstruktur und Gesellschaft" eine Gesellschaftsanalyse gelungen die den negativen Charakter der „Dialektik der Aufklärung" überwindet.

Der eindimensionale Mensch

Marcuse schließt mit „Der eindimensionale Mensch" an die kritischen Untersuchungen in „Triebstruktur und Gesellschaft" an, richtet darin jedoch vermehrt das Augenmerk im Sinne Webers auf Rationalisierung und auf die Manipulation des Individuums durch vorproduzierte Massenkultur. Die Gesellschaft und mit ihr die Individuen und die Wissenschaft zeichnen sich durch eine Eindimensionalität im Denken aus. Dies bedeutet, dass sich die Menschen keine andere, bessere Gesellschaft mehr vorstellen können und ihr Denken immer geradeaus in eine Richtung verläuft. Die fortgeschrittene Industriegesellschaft ist eine Gesellschaft ohne Opposition. Die Wissenschaft verharrt in ihrem positivistischen Weltbild das sich auf Quantität des empirischen Denkens ohne Werturteilt stützt und somit irrationale Rationalität produziert. Der soziale Wandel wird dem Fortschritt untergeordnet und nimmt immer rascher sich reproduzierende Dynamiken an. Bestimmt wird die Richtung von der alles durchdringenden ökonomisch technokratischen Rationalität der fortgeschrittenen Industriegesellschaft.

Marcuse skizziert in seiner Gesellschaftstheorie zuerst die Konstitution der bestehenden eindimensionalen Gesellschaft und verbindet diese mit dem von ihr produzierten eindimensionalen Denken in den Individuen. Sozialrepressive Faktoren werden dargestellt um darauf folgend in der Psyche wirkende gesellschaftliche Manipulationstendenzen im Denken der Subjekte zu benennen. Die eindimensionale Gesellschaft wird dabei durch vier Faktoren Opfer totaler Verwaltung:

- Durch die technokratische Maschinerie der Massenmedien, die ihre Logik aus der Zweckrationalität der Ökonomie speist. Hierzu zählt der durchrationalisierte kapitalistische Apparat der entfremdeten Arbeit. Die Gesellschaft ist dazu in der Lage immer neu Bedürfnisse zu erschaffen oder bestehende Bedürfnisse die nach Befriedigung streben umzuwandeln.
- Durch die Abriegelung des politischen, die sich durch den Wohlfahrts- und Kriegsstaat präsentiert.

> „*Ein solcher Staat scheint imstande, den Standard des verwalteten Lebens zu heben, ein Vermögen, das allen fortgeschrittenen Industriegesellschaften innewohnt, bei denen das Funktionieren des hochmodernen technischen Apparats – als getrennte Macht gegenüber den Individuen aufgerichtet – von der intensivierten Entwicklung und Expansion der Produktivität abhängt. (…) Bei all seiner Rationalität ist der Wohlfahrtsstaat jedoch ein Staat der Unfreiheit, weil seine totale Verwaltung eine systematische Beschränkung a) der »technisch« verfügbaren freien Zeit ist*[38]*; b) der Quantität und Qualität »technisch« für lebenswichtige individuelle Bedürfnisse verfügbarer Güter und Dienstleistungen; c) der (bewußten und unbewußten) Einsicht, die imstande wäre, die Möglichkeiten der Selbstbestimmung zu begreifen und zu verwirklichen.*“ (Marcuse 2004, Bd. 7, S. 68f.)

Der Kriegsstaat agiert durch den Wettstreit mit den kommunistischen Ländern als Antriebsmechanismus des Fortschritts und beeinflusst massiv Individuen durch Hochrüstung und ständige Bereitschaft auf Krieg (diese Entwicklung läuft in der heutigen Zeit verdeckter ab als zu Marcuses Zeiten, da es den direkten kommunistischen Feind nicht mehr gibt.)

- Durch die „repressive Entsublimierung", in der er besonders die menschliche Sexualität verfallen sieht. In der fortgeschrittenen Industriegesellschaft gibt es eine merkliche Liberalisierungstendenz der Sexualität, sie wird nicht mehr direkt unterdrückt sondern indirekt durch die Manipulation der technokratischen Rationalität in Bahnen geleitet. Die frei gewordenen sexuellen Fantasien werden von der Kulturindustrie vorprogrammiert und unter die Verwertung ökonomischer Prinzipien gestellt.

> *„Diese Sozialisierung widerspricht der Enterotisierung der Umwelt nicht, sondern ergänzt sie. Das Sexuelle wird in die Arbeitsbeziehungen und die Werbetätigkeit eingegliedert und so (kontrollierter) Befriedigung zugänglich gemacht. Technischer Fortschritt und ein bequemeres Leben gestatten, die libidinösen Komponenten in den Bereich von Warenproduktion und – austausch systematisch aufzunehmen."* (ebd., S. 94)

- Durch die Vereinnahmung der Sprache, die auf Grund von Funktionalisierung, Vereinheitlichung und Abkürzung der Kommunikation eine Verkürzung des Denkens fördert, das sich zu Eindimensionalität entwickelt. Hierzu zählt auch die abstrakte Vereinheitlichung der Sprache in der Wissenschaft, die durch Wertefreiheit und Empire ein quantifizierbares Denken fördert.

Nun gilt es die gesellschaftliche Entwicklung im Denken der Menschen darzustellen, die psychogenetische Reaktionen auf die oben dargestellt Prinzipien der totalen Verwaltung im Individuum nachzuzeichnen. Um diese Entwicklung zu skizzieren muss man negatives von positivem Denken unterscheiden. Ersteres definiert sich durch zweidimensionale Entfaltung. Es kann die Wirklichkeit negieren und ist in der Lage diese zu überschreiten. Das Denken erfasst die Wirklichkeit in ihrem Sein und kann sie in ihrem Sollen transzendieren. Phantasie als aktive Erfahrungsinstanz und Verwirklichungspotential, welche in dialektischer Beziehung zu Wirklichkeit tritt und die Konflikte von Sein und Sollen zu lösen versucht.

Eben dieses Denken sieht Marcuse durch die gesellschaftliche Rationalisierung im Auflösen begriffen. Ökonomische quantifizierbarkeit und Mathematisierung, abstrahierende Empirie in der positiven Wissenschaft lenken das Denken in eindimensionale Bahnen. Dazu kommt die Konsumindustrie, die vorproduzierte Bedürfnisse in den Individuen einpflanzt und somit auch ihre Freizeit verwaltet. Das Denken ist Opfer totaler Verwaltung.

> *„Die gegebene Wirklichkeit hat ihre eigene Wahrheit; die Anstrengung, sie als solche zu begreifen und über sie hinauszugehen, setzt eine andere Logik, eine widersprechende Wahrheit voraus. Sie gehören Denkweisen an, die ihrer ganzen Struktur nach nichtoperationell sind; sie sind dem wissenschaftlichen operationalismus ebenso fremd wie dem gesunden Menschenverstand. Ihre geschichtliche Konkretheit widersetzt sich der Quantifizierung und Mathematisierung auf der einen Seite, dem Positivismus und Empirismus auf der anderen. So erscheinen diese Denkweisen als ein Überbleibsel der Vergangenheit wie alle nichtwissenschaftliche und nichtempirische Philosophie. Sie weichen einer wirksameren Theorie und Praxis der Vernunft.“* (ebd., S.158)

Das Ich der Menschen in der eindimensionalen Gesellschaft schrumpft auf ein Minimum und verkümmert, es ist nicht mehr in der Lage etwas außerhalb der gegebenen Gesellschaft zu denken. Durch die Verdinglichungswirkung der technologischen Rationalität werden Mensch und Natur ersetzbare Objekte in der Maschinerie des Apparats der totalen Verwaltung. Durch Konsum, der als vorproduziertes Bedürfnis Genuss bereitet, ordnen sich Individuen widerspruchslos ins System ein und übersehen dessen Ungerechtigkeiten.

Marcuse sieht angesichts des total verwalteten und in seinem Ich verkümmert Subjekts immer noch eine kleine Chance auf Befreiung, die er mit dem Begriff der großen Weigerung zu umschreiben versucht. Dazu bedarf es der Bewusstmachung gesellschaftlicher Ideologie und deren Negation im Denken und Handeln. Diese beinhaltet die Kritik am Bestehenden und die bewusste Verweigerung die gesellschaftliche Maschinerie aufrecht zu erhalten und zu stützen. Vielmehr soll die Suche nach einem qualitativen anderen beginnen. Marcuses Philosophie der Befreiung ist umgeben von einem pessimistischen Unterton, der die gesellschaftliche Änderung der Verhältnisse als schwer zu erreichendes Ziel beschreibt. Durch die affirmative Kraft des eindimensionalen Denkens könne jeder frei erkämpfte Raum und jede Handlung zur Errichtung einer neuen Gesellschaft wieder unter die Logik der ökonomisch Technokratischen Rationalität suggeriert werden. Selbst die Kommunikation ist vollkommen verwaltet und kann nur noch durch die Abnormen der Dichtung und Ästhetik gerettet werden.

> *„Die Philosophie der Gegenwart ist selten zu einer authentischeren Formulierung des Konflikts zwischen ihrer Absicht und ihrer Funktion gelangt. Das sprachliche Syndrom aus »Schönheit«, »ästhetischer Sinn« und »Wüstenlandschaft« beschwört die befreiende Atmosphäre von Nietzsches Denken und durchbricht Gesetz und Ordnung, während die »Brutstätte für unordentliche Elemente« zu der Sprache gehört, die von Fahndungs- und Nachrichtenbehörden gesprochen wird. Was vom logischen Gesichtspunkt als unschön und unordentlich erscheint, kann durchaus die schönen Elemente einer anderen Ordnung umfassen und damit ein wesentlicher Teil des Materials sein, aus dem philosophische Begriffe gebildet werden".* (ebd., S. 228)

Erich Fromm

Erich Fromm war ein sehr eigenständiger Denker der Frankfurter Schule. Er verband Marx und Freud in einer einzigartigen Weise und entwickelte daraus sein eigenes Konzept der Psychoanalyse. Deshalb wurde ihm in den 40iger Jahren, vor allem von Adorno (später auch von Marcuse) Revisionismus der Psychoanalyse Freuds vorgeworfen. Dies führte letztendlich zum Bruch mit der Frankfurter Schule, Fromm jedoch arbeitete an seinem eigenen Konzept der Kritischen Theorie bis an sein Lebensende weiter. Im Gegensatz zu den restlichen Theoretikern der Kritischen Theorie nimmt Fromm verstärkt auf religiöse und humanistische Themen Bezug. In den Anfangsjahren der Frankfurter Schule war er dafür verantwortlich die sozialpsychologische Charakterologie des Instituts für Sozialforschung auszuarbeiten.

Nach Fromm beeinflussen die sozioökonomischen Verhältnisse die Psyche des Menschen und ergeben einen spezifischen, die herrschenden Verhältnisse stützenden Gesellschaftscharakter.

Dieser umfasst im Gegensatz zum individuellen Charakter, *„nur eine Auswahl von Zügen: den Wesenskern der Charakterstrukturen der* *meisten Gruppenmitglieder, welcher sich als Ergebnis der dieser Gruppe gemeinsamen Lebensweise und Grunderlebnisse entwickelte*" (Fromm 2012a, S. 200). Der Sozialcharakter formt sich also nach gesellschaftlichen, klassen- und milieuspezifischen Grundlagen. Die Gesellschaft reproduziert dabei den Charakter den sie für ihren Fortbestand braucht. Jede Wirtschaftsform benötigt darauf aufbauend einen speziellen Charaktertyp. An diesem Punkt nimmt Fromm auf Weber Bezug und betont das besonders der Kapitalismus des 19 Jh. einen sparsamen, fleißigen, asketischen Menschen brauchte. Die Religion des Protestantismus die solche Werte hochhielt, spielte dadurch bei der Formierung dieses Charaktertyps eine Maßgebende Rolle:

> „*Dem Kapitalismus des neunzehnten Jahrhunderts ging es noch hauptsächlich um die Akkumulation von Kapital und daher um das Sparen. Er musste daher Disziplin und Stabilität durch autoritäre Grundsätze in Familie, Religion, Industrie, Staat und Kirche untermauern. (...) Der heutige Gesellschafts-Charakter ist ein ganz anderer. Die gegenwärtige Wirtschaft gründet sich nicht auf Konsumeinschränkung, sondern auf einen größtmöglichen Konsum. (...) Der Gesellschafts-Charakter des neunzehnten Jahrhunderts ist heute nur noch in den rückständigen Schichten Nordamerikas zu finden. Das wichtigste Ziel dieses Gesellschafts-Charakters ist das Haben, das des heutigen das Verbrauchen.*" (Fromm 2006, S. 88f)

Für Fromm kommt der Familie die Aufgabe zu, den von der Gesellschaft benötigten Charaktertyp zu erzeugen. Sie wird zum psychologischen Agens der Gesellschaft in dem Werte und Normen der Gesellschaft vermittelt werden. In der sekundären Sozialisation, halten Staatsapparat, Religion, Justiz, Wirtschaft und Arbeitsverhältnis diesen aufrecht:

> „*Der Charakter des Kindes wird durch den Charakter der Eltern geformt, deren Art entsprechend es sich entwickelt. Der Charakter der Eltern und ihre Erziehungsmethoden werden wiederum durch die gesellschaftliche Struktur ihres Kulturraumes bestimmt. In der Regel ist die Familie das ‚psychische Agens' der Gesellschaft.*" (Fromm 2011a, S. 55)

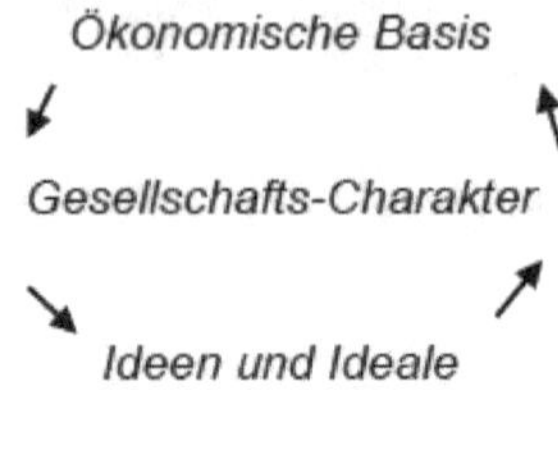

(Fromm 2006, S. 97)

Hier ist zu betonen, dass sich in der Gesellschaft nicht nur ökonomische Charakterstrukturen reproduzieren, sondern auch geschlechtsspezifische. Fromm beschäftigt sich in einzelnen Werken auch mit Geschlechterkonstruktionen, die er im Sinne weberscher Idealtypen ausarbeitet. Er untersucht die Familienstruktur im Sinne geschlechtsspezifischer Rollen die in dieser eingenommen werden und schreibt dem Vater und der Mutter unterschiedliche Aufgaben in der Erziehung zu.

Fromm erklärt jedoch, dass die Bildung des Sozialcharakters kein Prozess ist, der nicht beeinflusst werden kann, er betont, dass Menschen auf gesellschaftliche Verhältnisse einwirken können, in dem sie sich nicht nur passiv den herrschenden Verhältnissen fügen, sondern sie in einer produktiven Weise mitbestimmen. Fromm entwickelt im Laufe seines Denkens verschiedene Charaktertypen: den autoritären (Sadomasochismus) Charakter, den Marketingcharakter, den nekrophilen Charakter und weitere an Freuds Psychoanalyse anschließende Charaktertypen.

Die Furcht vor der Freiheit

In seinem Werk „Die Furcht vor der Freiheit“ versucht Fromm zu beantworten, warum sich Menschen in faschistische und totalitäre Ideologien flüchten. Fromm sieht den Grund dafür in dem dualistischen Prozess der Freiheit. Auf der einen Seite macht sie autonom und unabhängig, auf der anderen Seite hat man Angst vor Verantwortung und sozialer Isolierung. Er erkennt diesen Prozess außerdem in der kindlich psychischen Entwicklung verwirklicht und versucht diesen durch die Unterscheidung von primäre und sekundäre Bindung darzustellen.

> *„In dem Maße, wie der einzelne – bildlich gesprochen – die Nabelschnur, die ihn mit der Außenwelt verbindet, nicht völlig durchtrennt hat, ist er noch nicht frei; andererseits verleihen ihm diese Bindungen Sicherheit und Verwurzelung. Ich möchte die Bindungen, die bestehen, bevor der Prozess der Individuation zur völligen Loslösung des Individuums geführt hat, als ‚primäre Bindungen' bezeichnen."* (Fromm 2012a, S. 25)

Also versteht Fromm die primären Bindungen als vor individuelles Stadium, in dem das Kind zwar von der Mutter getrennt ist, aber durch physiologische und neurologische Entwicklungen noch nicht unabhängig agieren kann. In diesem Stadium spielt der Erziehungsprozess eine besondere Rolle, den Fromm als Hilfe zur autonom Werdung versteht. Erziehung sollte den Unterschied zwischen Ich und Du hervorheben. Je mehr sich das Kind von der primären Bindung trennt desto freier und unabhängiger wird es. Dieser Entwicklung sind individuelle und besonders gesellschaftliche Grenzen gesetzt. Während der Individuation des Kindes, treten Angst vor Autonomie und Unsicherheit auf. Diese Ängste kann das Bedürfnis nach Symbiose auslösen, das in eine sekundäre Bindung mündet, in der das Subjekt seine Auflösung in der Umwelt anstrebt und sich dadurch in neue Abhängigkeit begibt. Außerdem können gesellschaftliche (autoritäre Gesellschaft) und individuelle Grenzen diesen Prozess verstärken und die produktive Entfaltung des Menschen verhindern. Unter produktiver Entfaltung versteht Fromm die *„aktive Solidarität mit allen Mitmenschen und sein spontanes Tätig sein, Liebe und Arbeit, die ihn wieder mit der Welt einen." (ebd., S. 32)*

Diesen dualistischen Prozess der Freiheit überträgt Fromm auf die Geschichte des Menschen. Im Mittelalter war das Individuum nur über das Kollektiv definiert, die Subjektivität existierte noch nicht. Der Feudalismus war eine starre Ordnung, in der Klasse, Volk, Stand und Beruf einen göttlichen Willen unterlag. Wenn der Einzelne im *„modernen Sinne nicht frei war, so war er weder allein noch isoliert. Da der Mensch vom Augenblick seiner Geburt an seinen bestimmten, unverrückbaren Platz besaß ‚den ihm keiner streitig machte, war er in einem strukturierten ganzen verwurzelt."* (ebd., S. 37)

Im Gegensatz dazu stand die Renaissance in der das Individuum an Wichtigkeit gewann. Durch die Entwicklung des Handels und des Monopolunternehmertums, wurde der Feudalismus aufgebrochen und einzelne nach Ruhm und Geltung strebende Individuen wurden freigesetzt. Eine solche Entwicklung brachte jedoch nicht nur positives mit sich, kleine Handels- und Handwerksbetriebe gerieten in unsichere Wirtschaftslagen und konnten mit den Monopolunternehmen nicht mehr mithalten. Wettbewerb und Konkurrenzkampf gewannen immer mehr an Wichtigkeit. Darauf reagierte das Bürgertum mit Verunsicherung. Diese Unsicherheit löste einen Fluchtmechanismus aus, der in die Reformation, die Selbstdemütigung, Unterwerfung, Ohnmacht und Boshaftigkeit des menschlichen Wesens mündete. Genau dieselbe Furcht vor der Freiheit habe, so Fromm, anfangs des 20. Jh. zu totalitären Systemen geführt. Der moderne Kapitalismus hat nicht nur zu einer Erhöhung der Freiheit geführt, sondern auch zu einer Entfremdung des Menschen von sich selbst, seinen Mitmenschen und dem Produkt seiner Arbeit. Das Individuum war zwar frei aber auch abhängig von gesellschaftlichen Prozessen. Dies zeigte vor allem die Wirtschaftskrise in den zwanziger Jahren. Besonders das Kleinbürgertum, das Fromm in derselben Position sieht wie das Bürgertum im Reformationszeitalter, war für den Nationalsozialismus anfällig. Es habe nach neuer Sicherheit als Ersatz für das Kaiserreich gesucht und diese im Nationalsozialismus gefunden.

Um der Freiheit zu entgehen entwickelten die Menschen verschieden Fluchtmechanismen die vor Unsicherheit und Angst schützen sollten. Fromm unterscheidet zwischen mehreren Fluchtformen der Psyche, welche Autoritarismus, Konformismus und Destruktivität zur Folge haben. Erstere ist nach Fromm durch den Sadomasochismus definiert. Der Masochist will sich vom Stärkeren abhängig machen, will an seiner Macht und Stärke teil haben. Der Sadist möchte gewaltsam über andere verfügen, sich über sie stellen. Diese beiden Konzepte vereinigt Fromm in seinem Modell des autoritären Charakters. So ist ein Mensch mit einem autoritären Charakterzug unterwürfig und zugleich unterwirft er andere. Zu unterscheiden sei dieser vom destruktiven Charakter, da dieser die Vernichtung des Objekts und nicht dessen Unterwerfung zur Folge hat. Die Destruktivität ist dadurch gekennzeichnet, *„daß Ohnmacht und Isolierung für den Einzelnen unerträglich sind. Ich kann dem Gefühl meiner Ohnmacht gegenüber der Welt außerhalb von mir dadurch entrinnen, daß ich sie zerstöre". (ebd., S. 133)*

Als dritten Fluchtmechanismus nennt er die Konformität. Der Konformist gibt sein Selbst auf und passt sich bedingungslos dem Persönlichkeitsmodell seiner Kultur an. Er wird das was von ihm erwartet wird entgegen seinem Wunsch nach Individualität:

> „*Er besteht kurz gesagt darin, daß der einzelne aufhört, er selbst zu sein; er gleicht sich völlig dem Persönlichkeitsmodell an, das ihm seine Kultur anbietet, und wird deshalb genau wie alle anderen und so, wie die anderen es von ihm erwarten.*" (ebd., S. 173)

Humanistisches Menschenbild und Ethik

Fromm war der Meinung dass der ethische Relativismus der freudschen Psychoanalyse in eine Sackgasse führt. Seiner Meinung nach gibt es einen objektiven Maßstab an dem ethische Werte gemessen werden können, dieser ist der Mensch selbst. Fromm formuliert deshalb in seinem Buch „Psychoanalyse und Ethik" eine humanistische Ethik, die man als eine Art Lebenskunst verstehen kann, die dem Menschen ein glückliches Leben ermöglichen soll. Dieses humanistische Menschenbild entwickelte er Zeit seines Lebens weiter, so dass es auch in seinem gesellschaftlichen Engagement zum Ausdruck kam.

Die humanistische Ethik muss sich nach Fromm von einer autoritären Ethik abheben. Letztere teilte er wiederum in zwei Formen ein, der rationalen und der irrationalen Autorität. Rational nennt man eine Autorität wenn ihre Kompetenz in der Erfüllung einer Aufgabe anerkannt wird. Sie existiert solange wie der Anspruch auf Kompetenz besteht. Während dieser Inanspruchnahme von Kompetenzen muss sich die Autorität ständig der Prüfung und Kritik von Seiten der ihr unterstehenden Personen aussetzen. Die rationale Autorität ist der humanistischen Ethik nicht entgegengestellt. (vgl. Fromm 2011a):

> „*Autoritäre Ethik unterscheidet sich von humanistischer Ethik durch zwei Kennzeichen, ein formales und ein materiales. In formaler Hinsicht leugnet autoritäre Ethik die Fähigkeit des Menschen, zu wissen was gut und was böse ist. Der Normgeber ist stets eine Autorität, die das Individuum transzendiert. Ein solches System gründet nicht in Vernunft und Wissen, sondern in der Furcht vor der Autorität und in dem Gefühl der Schwäche und der Abhängigkeit des Untergebenen. (...) In materialer oder*

> *inhaltlicher Hinsicht beantwortet autoritäre Ethik die Frage nach Gut und Böse primär vom Standpunkt der Interessen der Autorität und nicht der Interessen des Individuums.*" (ebd., S. 18)

Für Fromm ist es wichtig die allen Menschen zugrundeliegenden Eigenschaften zu beschreiben, um darauf aufbauend eine humanistische Ethik formulieren zu können. Eine solche Eigenheit ist die biologische Schwäche des Menschen. Der Mensch kommt im Vergleich zum Tier mit sehr wenigen Trieben zur Welt und ist deshalb das hilfloseste aller Tiere. Diese Schwäche ist jedoch auch seine Stärke, da sie den Menschen zur Ausbildung eines Charakters zwingt, der seine menschlichen Qualitäten erst zum Vorschein bringt. Das Leben des Menschen ist vor allem von historischen und existenziellen Dichotomien gekennzeichnet: „*Leben und Tod, Einsamkeit und Verbundenheit, Freisein und Determinismus, Wahrheitsbedürfnis und Selbsttäuschung, Trieb und Vernunft, Zweifel und Glaubensbedürfnis*" (Rattner 2011, S. 351). Jeder einzelne Mensch hat seine spezifische Antwort auf diese existenziellen Fragen des Lebens zu geben um eine einmalige Persönlichkeit bilden zu können. Besonders wichtig ist es für den Menschen seinem Leben einen Sinn zu geben.

Fromm formuliert in seinem Buch „Psychoanalyse und Ethik" nicht produktive Charakterzüge und einen produktiven Charakterzug, letzterer sei die Voraussetzung um nach einer humanistischen Ethik leben zu können. Nicht produktive Charakterzüge sind nach Fromm der rezeptive Charakter, der ausbeuterische Charakter, der hortende Charakter und der Marketing Charakter. Besonders interessant ist seine Definition der Marketing Orientierung:

> „*Da der moderne Mensch sich gleichzeitig als Ware auf einem Markt und als Verkäufer dieser Ware empfindet, ist seine Selbstachtung von Voraussetzungen abhängig die sich seiner Kontrolle entziehen. Hat er Erfolg, dann ist er wertvoll, wenn nicht, ist er wertlos. Mißt man den eigenen Wert an den Wechselfällen des Marktes, so geht jedes empfinden für würde und stolz verloren. (…) Bei der Marketing-Orientierung (…) steht der Mensch seinen eigenen Kräften als einer ihm fremden Ware gegenüber. Er ist nicht mit ihnen eins, vielmehr treten sie ihm gegenüber in einer Rolle auf; denn es kommt nicht mehr auf seine Selbstver-*

wirklichung durch ihren Gebrauch an, sondern auf seinen Erfolg bei ihrem Verkauf". (Fromm 2011a, S. 64)

Im Gegenzug beschreibt Fromm seinen produktiven Charakter, der als Inbegriff der humanistischen Ethik zu verstehen ist. Wie schon öfters erläutert, zeichne sich dieser durch solidarische, liebevolle, produktive und authentische Bezogenheit zur Welt und zu den Mitmenschen aus. Äußerst wichtig für die humanistische Ethik ist die Selbstliebe, die nicht als Selbstbezogenheit zu verstehen ist, sondern als Voraussetzung für die Liebe zu anderen. Hierzu gehört auch ein humanistisches Gewissen, das nicht wie das autoritäre Gewissen durch Schuldgefühle hervorgerufen wird, sondern durch das Hören auf die eigenen Gefühle und körperliche Bedürfnisse, es ist *„die Stimme unserer liebenden Fürsorge für uns selbst"*.(ebd., S. 126) Darauf aufbauend erklärt Fromm, dass das menschliche Glück darin besteht, Freude am eigenen Dasein, an dessen Entfaltung und produktiven Tätigkeit zu entwickeln. Zusammenfassend kann man die humanistische Ethik als Lebenskunst, für die alle Eigenschaften, die der produktiven Entfaltung der menschlichen Natur dienen als gut und alle die diese unterdrücken als schlecht anzusehen sind, definieren (vgl. ebd.).

Pathologien der Normalität

In seinem Buch „Wege aus einer Kranken Gesellschaft" diagnostiziert Fromm, im Anschluss an Freud, eine allgemeine Pathologie der westlichen Gesellschaft. Jene leidet an einem Defekt, durch den ihre Mitglieder nicht frei und spontan ihr Selbst entwickeln können, sondern entfremdet und konformistisch sind. Er sieht besonders in den steigenden Selbstmord und Alkoholabhängigkeitsraten einen Grund dafür, dass etwas in unserer Gesellschaft von Grund auf nicht stimmt. Bei manchen Menschen bricht der gesellschaftliche Defekt aus und mündet in eine psychische Erkrankung, andere bleiben durch die Wirkung kultureller Gegenmittel (Fernseher, Konsum usw.) immun. In einer Vorlesung die Fromm 1953 hielt erklärte er: *„Die Kranken, das sind die Gesunden. Und die Gesunden, das sind in Wirklichkeit die Kranken"* (Fromm 2012b, Klappentext).Um eine Pathologie der Normalität besser definieren zu können befasst sich Fromm mit der menschlichen Natur und erarbeitet sogenannte existenzielle Bedürfnisse und deren pathologische Gegenspieler. Als erstes existenzielles Bedürfnis nennt er die Liebe:

> „*Liebe ist die Vereinigung mit einem anderen Menschen oder Ding außerhalb seiner selbst unter der Bedingung, dass die Gesondertheit und Integrität des eigenen Selbst dabei bewahrt bleibt. Liebe ist die Erfahrung des Teilens, der Gemeinschaft, die die volle Entfaltung des eigenen inneren Tätigseins erlaubt.*“ (Fromm 2011b, S. 34)

Der Liebe widmete Fromm ein eigenes Buch, welches er „Die Kunst des Liebens“ nannte. Dort entwirft er das Ideal der elterlichen Liebe. Darin schreibt er dem Vater sowie der Mutter gewisse Aufgaben in der Erziehung zu. Er stellt die Rollen der Eltern in Form von Idealtypen dar. Auch das Thema Liebe zum Nächsten durchstreift das ganze Buch. Der Gegensatz von Liebe ist der sekundäre Narzissmus, der sich entwickelt wenn der primär kindliche Narzissmus nicht überwunden werden konnte. Narzisstische Personen können die Bedürfnisse andere Personen nicht wahrnehmen, keine emotionale Bindung mit ihnen eingehen und sind nur an sich selbst interessiert.

Ein weiteres existenzielles Bedürfnis ist die Kreativität. Jene gibt die Möglichkeit die Passivität des in die „Welt geworfen seins“ zu überwinden und sich selbst zu transzendieren. Deren Gegenteil ist die Destruktivität, die ebenfalls ein Akt der Transzendenz darstellt. Im Unterschied zur Kreativität kann diese aber unmenschliche Züge annehmen.

Das dritte existenzielle Bedürfnis wurde schon einmal erwähnt. Es handelt sich um die Theorie der primären und sekundären Bindung, die Fromm anhand des Inzesttabus darzustellen versucht. Die Auflösung der primären Bindung definiert sich durch die Beendigung der inzestuösen und affektiven Verbundenheit mit der Mutter, die im humanistischen Sinne nur durch eine zwischenmenschliche Solidarität und Brüderlichkeit ersetz werden kann. In unserer Gesellschaft hat sich die primäre Bindung jedoch zu einer neuen inzestuösen Bindung entwickelt, die sich durch Patriotismus und Unterwürfigkeit sichtbar macht. Eine besondere Wichtigkeit für die menschliche Existenz hat die Bildung einer eigenen Identität. Diese definiert Fromm im Anschluss an Descartes als die Fähigkeit ich zu sagen und über dieses ich nachzudenken. Besonders wichtig ist, „*daß man sein <ich> auch im Prozess des Fühlens und der schöpferischen Tätigkeit erlebt.*“ (Fromm 2011b, S. 59.)

Durch bedingungslose passive Anpassung hingegen verwandle sich das Identitätserleben in ein reines Konformitätserleben.

Als letztes existenzielles Bedürfnis des Menschen nennt Fromm die Gabe sich selbst einen Sinn zu geben. Er geht davon aus, dass der Mensch einen Orientierungsrahmen oder ein Objekt der Hingabe braucht. Zuerst gilt es einen rationalen oder irrationalen Orientierungsrahmen zu finden, dann die Welt objektiv zu begreifen. Nun kann Fromm das Bild eines gesunden Menschen definieren:

> „*Seelische Gesundheit ist gekennzeichnet durch die Fähigkeit zu lieben und etwas zu schaffen, durch die Loslösung von den inzestuösen Bindungen an Klan und Boden, durch ein Identitätserleben, das sich auf die Erfahrung seiner selbst als dem Subjekt und dem Urheber der eigenen Kraft gründet, durch das Begreifen der Realität innerhalb und außerhalb von uns selbst, das heißt durch die Entwicklung von Objektivität und Vernunft.*" (Fromm 2011b, S. 64)

Im Anschluss an der oben genannten Betrachtung versucht Fromm die gesellschaftliche Entwicklung des Kapitalismus im 20igsten Jh. zu charakterisieren. Dabei entwickelt er einen neuen Entfremdungsbegriff der sich durch Konsum auszeichne:

> „*Der Mensch von heute ist geradezu fasziniert von der Möglichkeit, noch mehr, noch bessere und vor allem neuartige Dinge zu kaufen. Er ist konsumsüchtig. Der Akt des Kaufens und Konsumierens ist zu einem zwanghaften, irrationalen Ziel geworden, weil er zum Selbstzweck ohne Beziehung zum Gebrauch der gekauften und konsumierten Dinge geworden ist.*" (Fromm 2011b, S. 119)

Währenddessen geht es der Industrie vor allem darum immer neue Bedürfnisse zu schaffen und das Individuum durch Werbung so zu manipulieren, dass es immer mehr konsumieren will. Der Kapitalismus will keine Bedürfnisse befriedigen, sondern immer neue schaffen. Hier schließt der von Fromm entworfene Begriff des Habens an. Ein habenorientierter Mensch bestimmt sich durch seinen Besitz, er will alles besitzen, je mehr er besitzt desto besser. Sein Selbstwert definiert sich rein durch die Dinge die er hat. Jedes neu erworbene Produkt schafft ein wenig Glück, deshalb will der habenorientierte Mensch dieses Gefühl durch Konsum immer wieder aufrecht erhalten. Auch in zwischenmenschlichen Beziehungen ist es für ihn wichtig sich seinen gegenüber in Form des Habens anzueignen.

Die Orientierung am Haben und Sein hat Fromm viel Kritik eingebracht. So warfen ihn Kritiker zu Unrecht vor eine asketische Lebensweise zu vertreten die jeglichen Besitz verneinen will. Fromm verurteilt hingegen nicht den Besitz an sich, sein Konzept vom Haben und Sein betont viel mehr, dass der Mensch den Wert der in ihm liegt erkennen muss. Nur durch eigenes Handeln, durch produktives tätig sein und authentisches Leben, kann der Mensch sich zum Ausdruck bringen. Der Selbstwert des Menschen soll sich nicht durch die Anhäufung von Besitz oder grenzenlosen Konsum ausdrücken, sondern durch eigene Fähigkeiten und Eigenschaften. In der Existenzweise des Seins trägt der Besitz nicht zur Selbstentfremdung bei, weil mit diesem anders umgegangen wird. Der Mensch kann Dinge besitzen, wenn er sich nach dem Sein richtet definiert er sich jedoch nicht durch jene.

Empirische Arbeiten des Instituts für Sozialforschung

Studien über Autorität und Familie

Die „Studien Über Autorität und Familie" wurden 1936 veröffentlicht und gelten als erstes institutsübergreifendes Forschungsprojekt der Frankfurter Schule nach Horkheimers Übernahme des Instituts für Sozialforschung. Das Gesamtwerk der Studie besteht aus drei Teilen. Der erste Teil enthält die einleitende Theorie Horkheimers, ein sozialpsychologisches Kapitel Fromms und einen ideengeschichtlichen Teil von Marcuse. Der zweite Teil besteht aus den Auswertungen von Erhebungen ebenfalls von Fromm erfasst und der dritte Teil aus Beiträgen von Freunden des Instituts. Durchgeführt wurde die Studie im Exil in Genf, Paris und London und veröffentlicht in Paris. Weniger wichtig sind hier die Ergebnisse der Studie, als vielmehr der Bezugspunkt der Familie als primäre Sozialisationsinstanz der Gesellschaft. Horkheimer und vor allem Fromm entwickeln hier die Familie als Agens der Gesellschaft, die als Vermittler von kulturellen und ökonomischen Werten agiert. Wie schon unter Fromm dargestellt wird der Charakter von der Familie vorgeformt und zur Eingliederung in die Gesellschaft bereit gemacht. Es entwickelt sich der für eine Gesellschaft oder Klasse typische Sozialcharakter der Individuen. Marcuse untersucht in seinem ideengeschichtlichen Teil die Idee der Freiheit und der autoritären Unterordnung der Menschen beginnend mit Martin Luther und endend bei *Georges Sorel* und *Vilfredo Pareto.*

Kurz werden nun der Kulturbegriff und das Autoritätsprinzip Fromms und Horkheimers herausgearbeitet, die für die Studie von großer Bedeutung sind, auf die Konstitution der Familie und die psychische Formung des Individuums wird danach vertieft eingegangen.

Horkheimer rekonstruiert zu Beginn seiner Arbeit die Kultur der bestehenden westlichen Gesellschaftsform. Stark auf Marx aufbauend entwickelt er seinen Kulturbegriff aus dem Blickpunkt des ökonomischen Materialismus. Er sieht die geschichtliche Entwicklung der Kultur als dynamisches Prinzip, welches durch Widersprüchlichkeiten aber auch durch Ähnlichkeiten geprägt ist, bestimmt. Die Dynamik der Kultur führt zu neue Formen des Zusammenlebens und der Zusammensetzung der sozialen Klassen untereinander. Triebkraft der kulturellen Veränderung sind die ökonomischen Bedingungen der Gesellschaft und der mit ihr einhergehenden Produktionsverhältnisse. Kultur ist jedoch nicht nur durch Ökonomie geprägt, sie besitzt durch den typischen Charakter ihrer Gruppen und Institutionen eigene Funktionsweisen. Der Produktionsprozess beeinflusst Menschen nicht nur im Arbeitsprozess, sondern auch indirekt in Schule, Familie und Kirche.

> *"Zum Verständnis des Problems, warum eine Gesellschaft in einer bestimmten Weise funktioniert, (...) gehört daher die Erkenntnis der jeweiligen psychischen Verfassung der Menschen in den verschiedenen sozialen Gruppen, das Wissen darum, wie sich ihr Charakter im Zusammenhang mit allen kulturellen Bildungsmächten der Zeit gestaltet hat. Den ökonomischen Prozess als bestimmende Grundlage des Geschehens auffassen, heißt alle übrigen Sphären des gesellschaftlichen Lebens in ihrem sich verändernden Zusammenhang mit ihm betrachten und ihn nicht in seiner isolierten mechanischen Form, sondern in Einheit mit den freilich durch ihn selbst entfalteten spezifischen Fähigkeiten und Dispositionen der Menschen begreifen."* (Horkheimer 2011, S. 130)

Daraus abgeleitet sind *„Gewohnheiten, Sitten, Kunst, Religion und Philosophie"* (ebd., S. 131) gesellschaftliche Verflechtungen die zur Aufrechterhaltung eines gewissen Gesellschaftstyps dienen. Diese Ideologien bilden den Kitt, der Gesellschaften zusammenhält oder gegebenenfalls auseinanderreist. Der Zwang der sich in die Seele der Subjekte einschreibt und sie unterwirft, entwickelt sich jedoch erst in jener Gesellschaftsform, die geprägt ist von der Monopolisierung der Staatsgewalt und der Liberalisierung der kapitalistischen Ökonomie, in der das Marktprinzip bis ins innerste der Gesellschaft reicht. Mit dem Aufkommen der Rationalisierung der Gesellschaft, dem Errichten von Gesetzen, Strafen und von Werten wie Fleiß, Sparsamkeit und Unterwerfung kommt der autoritäre Charakter als psychischer Gesellschaftscharakter zum Vorschein. Von da an wird dieser auch von primären Sozialisationsinstanzen wie Familie und sekundären Sozialisationsinstanzen wie Schule reproduziert und durch das Einpressen von Triebstrukturen (z. B. Sexualität) in das repressive gesellschaftliche Normgefüge aufrechterhalten. Nun kann man auch den Autoritätsbegriff Horkheimers definieren als Einfügung der inneren und äußeren Handlungsweisen des Menschen in fremde Instanzen der Unterwerfung, bis hin zur eigenen Bejahung solcher Abhängigkeitsverhältnisse. Hier kommt nun die Familie als Agens der Gesellschaft zur Bedeutung, die Horkheimer in ihrer geschichtlich gesellschaftlichen Erscheinungsform beschreibt und Fromm in ihrer psychischen Zusammensetzung analysiert.

Die Familie ist nach Horkheimer und Fromm die wichtigste Sozialisationsinstanz des Kindes und nimmt eine zentrale Stellung für die Formierung des Charaktertyps ein. Keine Institution ist für die Entwicklung des Kindes wichtiger als die Familie, weil sie den Charakter, der sich in den Institutionen wie Schule, Kirche, sportlichen und politischen Verbänden, Theater, Presse weiterentwickelt und festigt, in ihrer Grundform produziert. Geschichtlich gesehen entwickelten sich Gehorsam und Unterwürfigkeit zu Zeiten des Protestantismus, der in seiner Grundstruktur den Menschen Werte auferlegte nicht um himmlische Seligkeit (Katholizismus) zu erlangen, sondern um ihnen Prinzipien des guten irdischen Lebens vorzugeben. Bereits in dieser Epoche hat sich die Familie als psychischer Agens der Unterordnung entwickelt.

> *„Der Eigenwille des Kindes soll gebrochen und der ursprüngliche Wunsch nach freier Entwicklung seiner Triebe und Fähig-*

keit durch den inneren Zwang zur unbedingten Pflichterfüllung ersetzt werden. Die Unterordnung unter den kategorischen Imperativ der Pflicht ist von Anfang an ein bewusstes Ziel der bürgerlichen Familie gewesen. Wenn die Wohltat der humanistischen Erziehung in der Renaissance, die (...) ohnehin vorwiegend den Kindern italienischer Fürsten zugutekam, einen glücklichen Auftakt der neuen Epoche zu bilden schien, so ist in den Ländern, an welche nach der Entdeckung des Seewegs nach Ostindien die wirtschaftliche Führung überging, vornehmlich in Holland und England, die Kindheit zunehmend ernster und bedrückter geworden." (ebd., S.176 f.)

Horkheimer betont also im Aufkommen neuer wirtschaftlicher Interessen die wieder größer werdende Unterwürfigkeit des Menschen. Die Entwicklung der absolutistischen- zur liberalistischen Autorität war verbunden mit der Formierung der Vernunft. Die Unterwürfigkeit als Wert an sich entwickelt sich zur Unterwürfigkeit unter eine vernünftige Ordnung. Erziehung wird dem Prinzip der Realitätsgerechtigkeit unterstellt. In der Familienkonstellation kommen diese Aufgaben der Rolle des Vaters zu. Dieser ist die Personifizierung des gesellschaftlichen Über-Ichs, welches alle Werte und Normen der Gesellschaft durch Erziehung vermittelt. Nach Fromm wird die Autorität erst durch die Identifikation mit dem Vater verinnerlicht. Das heißt das Individuum ist erst dann bereit ganz nach dem Sadomasochismus andere zu unterwerfen, sich selbst den gesellschaftlichen Instanzen und der Ökonomie unterzuordnen, wenn Gebote und Verbote des Vaters verinnerlicht und direkt im Über-Ich gespeichert werden.

In der Arbeit oder in anderen gesellschaftlichen Institutionen des öffentlichen Lebens wird das Über-Ich auf Autoritäten projiziert und deshalb von jeglicher rationaler Kritik entzogen. Die Beziehung von Über-Ich zur Autorität ist eine dialektische, das heißt die äußerliche Autorität muss sich immer wieder neu auf das Über-Ich projizieren, damit diese vom Kindes- bis über das Erwachsenenalter hinaus bestehen bleibt. Dabei wird von Fromm Gewicht auf die psychodynamische Entwicklung gelegt. Er betont, dass die Erlebnisse in der Kinder und Jugendzeit prägender für den Charakter sind als diese in den Jahren des Erwachsenenalters. Kritische Erlebnisse in der Kindheit prägen einen Menschen ein Leben lang und können zu psychischen Störungen im Erwachsenenalter führen. In der patriarchalen Kleinfamilie entsteht im Kind früh die Angst vor dem Vater und das Bedürfnis seine Anforderungen gerecht zu werden um seine Liebe zu gewinnen. Besonders das Verhältnis von Vater und Sohn ist bald nach der Geburt durch Feindseligkeit und Ausbeutung charakterisiert. Dieser Prozess kann sich soweit entwickeln, dass der Sohn Hassgefühle und Todeswünsche gegen den Vater entwickelt. Im Ödipuskomplex wird diese Stimmung durch Identifikation mit dem Vater schlussendlich aufgehoben.

Besonders dramatisch zeigt sich das Verhältnis der Ausbeutung in den proletarischen Familien des 19. Jh. Dort wurden Kinder rein aus dem Gesichtspunkt ihrer ökonomischen Verwertung gehalten. Nun gab es aber auch noch finanziell besser gestellte Familien in denen der ökonomische Verwertungszwang keine Rolle spielte. In solchen Familienkonstellationen wurden nach Fromm die wenigen Kinder dazu erzogen die Träume der Erwachsenen zu erfüllen. In einer kleinbürgerlichen Familie in der der Vater einen Beruf nachgeht der gerade noch für die Bedürfnisse der Familienmitglieder ausreicht, zeigt sich das Ausbeutungsverhältnis nach einem anderen Schema. Die Familie ist keine Produktionsgemeinschaft und Kinder und Mutter müssen nicht für den Erhalt der Familie arbeiten. Andererseits ist das Leben des Vaters durch unerfüllte berufliche und gesellschaftliche Wünsche und Möglichkeiten gekennzeichnet. In seiner Arbeitssituation sowie gesellschaftlich wird das Bedürfnis nach Herrschaft nicht erfüllt, um so mehr werden die Herrschaftsverhältnisse auf Kinder und Mutter übertragen.

Im Kind werden durch Erziehung natürliche Triebe unterdrückt. Durch die starke Abwehr die das Ich gegen einen autoritären Erziehungsstil und gegen das Über-Ich aufwenden muss verkümmert es und hat keine Kraft mehr sich in produktiver gestalterischer Beziehung zur Gesellschaft zu setzen. *„Die Notwendigkeit der Triebunterdrückung, der Verdrängung, und dies heißt der Stärke von Über-Ich und Autorität, ist umso größer, je weniger Bedürfnisse in einer Gesellschaft oder in einer Klasse befriedigt werden können."* (Fromm 2016, S.95)

Der Vater speist seine Autorität dem Kinde gegenüber nicht durch Anerkennung, sondern Überlegenheit und Macht. Die Selbstzucht des Individuums in der Erziehung, war für die anfängliche bürgerliche Gesellschaft Bedingung des Fortschritts (vgl. Horkheimer 2011, S. 178). Vermittelt wurden diese Werte durch die Gewalt des Vaters, der seine Überlegenheit dadurch rechtfertigte, dass er die Schule des Lebens bereits erfahren hatte. Da solche Erziehungsmethoden durch religiöse und metaphysische Ideologien aufrechterhalten wurden, durfte ihnen auch in ihrer Elendsten Form nicht widersprochen werden. Die Ideologie des Vaters als Oberhaupt der Familie wird damit gerechtfertigt, dass er in der Kleinfamilie als einziger Hauptverdiener agiert und durch seine juristisch physische Stärke, die sich als patriarchale Unterdrückung der Frau ausdrückt und gesetzlich gestützt, Macht erlangt.

> *„Die Notwendigkeit einer auf natürlichen, zufälligen, irrationalen Prinzipien beruhenden Hierarchie und Spaltung der Menschheit wird dem Kinde so vertraut und selbstverständlich, daß es auch Erde und Universum, selbst das Jenseits nur unter diesem Aspekt zu erfahren vermag; (...). Die Ideologien von Leistung und Verdienst, Harmonie und Gerechtigkeit haben in diesem Weltbild daneben Platz, weil der Widerspruch durch die Verdinglichung der gesellschaftlichen Unterschiede nicht ins Bewußtsein tritt. Die Eigentumsverhältnisse gelten der Struktur nach als fest und ewig; als Gegenstände gesellschaftlicher Aktivität und Umwälzung treten sie gar nicht in Erscheinung."* (ebd., S.183)

Das Individuum lernt, dass Versagen und Misserfolg niemals auf gesellschaftliche Ursachen zurückzuführen sind, sondern auf die eigene Schwäche. Die Unterordnung unter moderne Autoritäten, die auf der Basis rationalisierter, verdinglichter Unterwürfigkeit beruht, ruft unselbständige Angewiesenheit und Minderwertigkeitsgefühle hervor, die sich durch Sublimierung und Verdrängung äußern. Trotz Verdinglichung des Menschen in der Gesellschaft und Familie, vermittelt durch den Vater als Geldverdiener, der Mutter in ihrer Reduktion als Geschlechtsobjekt oder häuslicher Leibeignen und den Kindern als Erben oder Lebensversicherungen, gibt es auch das Potential rein menschlicher Beziehungen untereinander. Diese Möglichkeit sieht er vor allem in der fürsorglichen Liebe, Kommunikation und Sorge der Mutter, dem Willen zur Entfaltung jedes Einzelnen in der Familie und dem damit einhergehenden Wunsch nach Glücksfindung, die Sehnsucht von Erwachsenen nach dem Paradies der Kindheit und den Zusammenhalt in der Familie (letztere kann jedoch auch wieder in mystische Verhältnisse führen) (ebd.).

Studien zum autoritären Charakter

Die „Studien zum autoritären Charakter" schließen an die „Studien über Autorität und Familie" an. Sie wurde im amerikanischen Exil vom Institut für Sozialforschung unter der Leitung Adornos und in Mithilfe einiger amerikanischer Kollegen durchgeführt. Fromm und Adorno haben sich in den Vorbereitungen für die Studie zerstritten, ersterer ging von da an seinen eigenen intellektuellen Weg jenseits des Instituts. Seine Theorie war jedoch weiterhin von großer nicht zu unterschätzender Wichtigkeit für die Untersuchungen. Mitherausgeber der Studie waren *„Else Frenkel-Brunswik, Daniel J. Levinson und R. Nevitt Sanford"* (Adorno 1995, Inhaltsverzeichnis). Die „Studien zum autoritären Charakter" sind Teil einiger groß angelegter Studien in den USA, die sich „ Studies in Prejudice" nennen. Die Erstveröffentlichung der Studie erschien 1951 in englischer Sprache. Ziel der Untersuchung war es herauszufinden wie tief antidemokratische Charakterstrukturen in der US- amerikanischen Bevölkerung wurzeln, des Weiteren sollten die entwickelten Skalen und Forschungsergebnisse ebenfalls im Nachkriegsdeutschland zur Verwendung kommen um Menschen mit faschistischer sowie demokratischer Charakterstruktur auswendig zu machen.

Sowie Angestellte und Arbeiter vom Institut in der Studie „Arbeiter und Angestellte am Vorabend des Dritten Reiches" (hier nicht dargestellt) vor dem Faschismus untersucht wurden, sollte diese Studie helfen die Charakterstrukturen nach dem Faschismus zu analysieren. (vgl. Schwandt 2010, 75f). *„Im Mittelpunkt des Interesses stand das potentiell faschistische Individuum, ein Individuum, dessen Struktur es besonders empfänglich für faschistische Propaganda macht."* (Adorno 1995, S. 1)

Dabei wurden unterschiedliche Schichten und Milieus anvisiert um ein breites Bild der Forschungsergebnisse zu liefern. Die Überzeugungen des Individuums verweisen dabei immer auf eine verborgene Charakterstruktur die durch A-, F- und E- Skalen (Autoritarismus, Faschismus, Ethnozentrismus) identifiziert werden konnten:

> *„Die Untersuchungen, über die hier berichtet wird, waren an der Hypothese orientiert, dass politischen, wirtschaftlichen und gesellschaftlichen Überzeugungen eines Individuums häufig ein umfassendes und kohärentes (...) Denkmuster bilden, und dass*

dieses Denkmuster Ausdruck verborgener Züge der individuellen Charakterstruktur ist." (Adorno 1995, S. IX)

Die Forschungsgruppe ging in ihren Untersuchungen davon aus, dass Aussagen nicht immer das widerspiegeln was interviewte Personen denken, deshalb wurden Fragesätze so gestellt, dass sie tiefenpsychologische Muster des Unbewussten freilegten. Die Psychoanalyse Freuds, die von der individuellen Psychopathologie in eine soziologische Charakteranalyse in Form von Idealtypen (in der Manier Webers) hingehend weiterentwickelt wurde, war daher wegweisen für die Untersuchung (vgl. Neumann 2010, S. 53).

Der autoritäre Charakter wie ihn Adorno entwickelte besitzt eine sogenannte Ich-Schwäche mit Angst vor unkontrollierbaren Triebregungen. Seine Persönlichkeitsstruktur besitzt ein mächtiges Über-Ich und ein schwaches Ich das diesem ausgeliefert ist. Das Ich kann Impulse des Über-Ichs nicht oder nur teilweise abwehren. Durch die Schwächung passt sich das Ich ohne Widersprüche an die Realität an und verliert seine kritische Ichfähigkeit. Dieser Prozess wird durch zunehmende Abhängigkeit von ökonomischen Zwängen und Märkten, dem Staatsapparat und der Kulturindustrie gefördert. Triebimpulse aus dem Unbewussten werden abgewehrt, oder zu Triebentladungen sublimiert, die gesellschaftlich legitimiert sind. Durch die eigene Ich-Schwäche und die starke Triebunterdrückung werden Hassgefühle und Aggressionen auf ein vorgefertigtes Feindbild projiziert (im Falle des Nationalsozialismus auf die Juden). Das heißt gesellschaftlich sehr komplexe Phänomene wie eine Wirtschaftskrise werden dem vorgefertigten Feindbild aufgebürdet, somit personifiziert und die Schuld zugeschoben. Der Antisemitismus ist für autoritäre Persönlichkeitstypen so ansprechbar, weil er als Ticket für ein bereits existierendes Erklärungsmuster dient und die Möglichkeit bietet durch Triebunterdrückung hervorgerufene Aggressionen auf eine Minderheit zu projizieren (vgl. Schwandt 2010, S. 79 – 81).

Aus den Fragesätzen der F-Skala wurden Themenkomplexe gebildet die den autoritären Charakter in seiner Vollständigkeit darzustellen versuchen. Diese Themenkomplexe wurden, durch im Interview getätigte Antworten sowie Skalierungen, einzelnen Subtypen zugeordnet. Hier werden nun die verschiedenen Wesenszüge des Autoritären Charakters aufgelistet, und mit einem Beispiel der Fragesätze erläutert:

Konventionalismus: *„Gehorsam und Respekt gegenüber der Autorität sind die wichtigsten Tugenden, die Kinder lernen sollten."* (Adorno 1995, S. 81)

Autoritäre Unterwürfigkeit: *„Was dieses Land vor allem braucht, mehr als Gesetze und politische Programme, sind ein paar mutige, unermüdliche, selbstlose Führer, denen das Volk vertrauen kann."* (ebd., S. 81)

Autoritäre Aggression: *„Die meisten unserer gesellschaftlichen Probleme wären gelöst, wenn man Asoziale, Gauner und Schwachsinnige loswerden könnte."* (ebd., S. 82)

Anti-intrazeption: *„Wenn jemand Probleme oder Sorgen hat, sollte er am besten nicht darüber nachdenken, sondern sich mit erfreulicheren Dingen beschäftigen."* (ebd., S. 82)

Aberglaube und Stereotypie: *„Jeder Mensch sollte einen festen Glauben an eine übernatürliche Macht haben, deren Entscheidungen er nicht in Frage stellt."* (ebd., S. 83)

Macht und Robustheit: *„Die Menschen kann man in zwei Klassen einteilen: die Schwachen und die Starken."* (ebd., S. 83)

Destruktivität und Zynismus: *„Es wird immer Kriege und Konflikte geben, die Menschen sind nun einmal so."* (ebd., S. 84)

Projektivität: *„Die sexuellen Ausschweifungen der alten Griechen und Römer waren ein Kinderspiel im Vergleich zu gewissen Vorgängen bei uns, sogar in Kreisen, von denen man es am wenigsten erwarten würde."* (ebd., S. 84)

Sexualität: *„Homosexuelle sind nichts als entartete Kreaturen und sollten streng bestraft werden."* (ebd., S. 84)

Die Forschung bestand aus quantitativen und qualitativen Studien. So wurden Fragebögen ausgefüllt, stichprobeartige Einzel- und Gruppengespräche, sowie die Auswahl von Personen für klinische Intensivstudien wie den Rorschach Test oder TAT Test durchgeführt. Die Fragen im Interviewmaterial betrafen Vorurteile und Denkstrukturen, die im gesellschaftlichen, politischen, wirtschaftlichen und religiösen Sinne von Bedeutung sind. Um die verschiedenen Ergebnisse und Meinungen einzuordnen wurden Typen und Syndrome entwickelt. Die Charakterstrukturen verschiedener faschistischer Charaktere konnten dadurch hervorgehoben und unterschieden werden. Adorno erklärt, dass es die potentiellen Faschisten wie sie in der F-Skala dargestellt wurden gibt, jedoch unterscheiden diese sich in der Stärke des Themenkomplexes. Deshalb wurden Subtypen von vorurteilsfreien sowie Subtypen von vorurteilsvollen Probanden erstellt. Hier wird Platzhalber kurz auf die vorurteilsvollen Subtypen und deren schlimmsten Ausformungen verwiesen (im zweiten Teil auf die Vorurteilsfreien):

Das Oberflächenressentiment: Sind Menschen *„die Vorurteile als Stereotypen gleichsam wie fertige Formeln von außen übernehmen.“* (ebd., S. 316) Vorurteile werden von diesen Personen oft sogar sinnvoll und rational erklärt. Hierzu gehören Familienväter *„die andere für das eigene wirtschaftliche Versagen verantwortlich machen“* (ebd. S. 316), die sich glücklich zeigen wenn sie durch Diffamierung und Diskriminierung von Minderheiten profitieren (vgl. ebd., S. 316).

Das „konventionelle“ Syndrom: Diese Personen reagieren mit *„Zustimmung zu den herrschenden Maßstäben“* (ebd., S. 319). Sie paaren Konformismus mit Stereotypen. Das wichtigste ist Ordnung, Unordnung und die Zerstörung von Eigentum gelten als unangenehmstes Gefühl. Sie zeigen sich wenig unsicher und ihr Verhalten richtet sich gegen extreme Situationen, die sie aus der Bahn werfen könnten.

Das „autoritäre“ Syndrom: „Sadomasochistischer Charakter“ nach Erich Fromm.

Der Rebell und der Psychopath: Rebelliert mit einer neuen Autorität gegen bestehende Autoritäten. Der Schwerpunkt liegt auf das Rebellieren gegen jegliche Autorität um des rebellierens willen. Er ist gekennzeichnet durch eine total gescheiterte Entwicklung und Auflehnung gegen alles schwache, das Über-Ich und das Ich sind verkümmert (vgl. ebd., S. 328 – 331).

Der „Spinner": Der Sozial isoliert Typus, der sich in eine innere Scheinwelt mit wahnhaften Vorstellungen flüchtet. Er sieht sich einer moralischen Bestimmung untergeordnet. Antisemitismus als Projektion und Neid ist in diesem Typus stark vertreten (vgl. ebd., S. 331 – 334).

Der „manipulative" Typus:

> *„Das potentiell gefährlichste Syndrom, den Manipulativen kennzeichnet extreme Stereotypie; starre Begriffe werden zu Zwecken statt zu Mitteln, und die ganze Welt ist in leere, schematische, administrative Felder eingeteilt. (...) Hat das Syndrom des Spinners etwas Paranoides, so das des Manipulativen etwas Schizophrenes. (…) in einer Art zwanghaftem Überrealismus, der alles und jeden als Objekt betrachtet, das gehandhabt, manipuliert und nach den eigenen theoretischen und praktischen Schablonen erfasst werden muss. Alles Technische, alle Dinge, die als ‚Werkzeug' benutzt werden können, sind mit Libido beladen."* (ebd., S. 334f)

Die Ergebnisse der Studie bestätigten, dass der potentiell faschistische Charakter in seinen unterschiedlichen Ausformungen durchaus auch in den USA zu finden ist. Je nach demografischer Lage variiert dessen Häufigkeit jedoch sehr stark. So waren vor allem die Arbeiter von Los Angeles dank intensiver Gewerkschaftsarbeit sehr aufgeklärt und zeigten wenig bis keine antidemokratischen Züge in ihrer Charakterstruktur. Im Gegenzug dazu wiesen Menschen im Arbeitermilieu San Quentin einen überdurchschnittlich autoritären Charakterzug auf (vgl. Neumann 2010, S. 51).

Die Studie belegt die Vielfältigkeit und Komplexität des faschistischen Charakters und dessen Entstehungszusammenhänge. Sie zeigen verschiedene Ausformungen die, die Theorie des sadomasochistischen Charakters, wie sie in den „Studien über Autorität und Familie" entwickelt wurde nur teilweise erfassen konnte. Die Studie wurde vom Institut für Sozialforschung in Deutschland mittels Fragebögen und Gruppenexperimente wiederholt. Kläglicher Weise wurden Personen in höheren Ämtern und Bildungseinrichtungen dabei nicht mit einbezogen, so konnte der faschistische Charakter von Institutionen oder Führungspersonen in hohen Ämtern nicht nachgewiesen bzw. erforscht werden. Die Untersuchung der Charakterstrukturen von nationalsozialistischen Verbrechern der NSDAP, wurde im Nachkriegsdeutschland fast vollständig außer Acht gelassen. Trotzdem bleiben die „Studien zum autoritären Charakter" bis heute in ihrer Vielfältigkeit von Theorien und ihrer Verbindung von experimental Psychologie und Differenzialpsychologie wegweisend.

Jürgen Habermas

Jürgen Habermas wird zur zweiten Generation der Kritischen Theorie gezählt. Vor allem aus zwei Gründen: erstens weil er die Theorie der Frankfurter Schule reformulierte in dem er sie sprachanalytisch ergänzte und zweitens weil er wegen seines Alters erst im Universitätsbetrieb des Nachkriegsdeutschlands zu den Frankfurter Denkern hinzu stieß. Neben den Theorien von Marx, Weber und Freud, die das Fundament der von Adorno, Horkheimer, Marcuse und Fromm formulierten Kritischen Theorie bilden, ist er besonders von angloamerikanischen Sprachtheoretikern, der Hermeneutik, dem deutschen Idealismus, der Systemtheorie Parsons und dem amerikanischen Pragmatismus beeinflusst.

Habermas bricht mit der Dialektik der Aufklärung und mit der darin vermittelten pessimistischen Geschichtsphilosophie und wirft Adorno und Horkheimer eine zu einseitige Sicht auf die Vernunft vor. Er hält vor allem an den emanzipatorischen Idealen der Aufklärung und deren Ziel einer herrschaftsfreien Gesellschaft fest. Habermas gesteht zwar ein, dass durch die instrumentelle Nutzung der Vernunft soziale Pathologien entstanden sind, diese aber durch die kommunikative Vernunft überwunden werden können. Er gilt als Grenzgänger zwischen Philosophie und Soziologie, da er seine Gesellschaftstheorie normativ formuliert. Im Gegensatz zu der von Adorno vertretenen Kritischen Theorie, die nur eine negativistisch dialektische Moral für die Untersuchung der Gesellschaft zulässt, legt er seine normativen Anspruch auf eine herrschaftsfreie Gesellschaft, in der er zwischen realer und idealer Gesellschaft unterscheidet, offen (vgl. Horster, 2006).

Habermas knüpft dabei bewusst an das Konzept der Kritischen Theorie der dreißiger Jahre an. Von diesem Standpunkt aus kritisiert er die empirischen Wissenschaften, die sich durch ihre Objektivität von der Lebenswelt der Menschen entfernen und besonders den praktischen Nutzen einer Theorie für das Zusammenleben der Menschen außer Acht lassen. Habermas betont in seiner Schrift Erkenntnis und Interesse, dass eine wissenschaftliche Erkenntnis nicht vom Interesse und dessen Entstehungszusammenhang, der Lebenswelt, getrennt werden kann. Deshalb habe eine Kritische Theorie ihren normativen Grundsätzen Rechenschaft abzulegen. Daraus formulierte Habermas auch eine Kritik an Luhmanns Systemtheorie, die durch ihre rein funktionalistische Sichtweise auf die Gesellschaft nicht in der Lage ist eine kritische Distanz zu ihr aufzubauen. Da Luhmann das reine funktionieren von selbst-referenziellen kommunikativen Systemen, die sich durch funktionale Differenzierung und komplexitätsabbau auszeichnen, untersuche, befreie er sich von allen moralischen Ansprüchen und könne die Konsequenzen der gesellschaftlichen Entwicklung für das Zusammenleben der Subjekte nicht bewerten (vgl. ebd., 2006).

> *„Aus wissenschaftlichen Theorien folgt technisch verwertbares, aber kein normatives, kein Handlungsorientierendes Wissen."* (Habermas 1973, S. 355)

Die Theorie des Kommunikativen Handelns

„Die Theorie des Kommunikativen Handelns" gilt als das Hauptwerk von Habermas, in diesem vollendet er seine Gesellschaftstheorie. Ausgang seines Werkes ist die Kritik an der von Weber, Lukacs und der Kritischen Theorie vertretenen Rationalisierungsthese: *„Die Theorie des kommunikativen Handelns soll eine Alternative für die unhaltbar gewordene Geschichtsphilosophie bieten, der die ältere Kritische Theorie noch verhaftet war."* (Habermas 1981, Bd. 2, S. 583)

Die Rationalisierung der Moderne zeichne sich zwar durch eine Verdinglichung von Mensch und Natur aus, es gebe aber in der Vernunft auch noch ein emanzipatorisches Potential welches sich nicht nach zweckrationalen Gesichtspunkten richtet. Dieses Potential sieht Habermas in der kommunikativen Vernunft verwirklicht, die sich aus zu begründenden sprachlichen Geltungsansprüchen zusammensetzt. Geltungsansprüche geben Auskunft über die Wahrheit, die Wahrhaftigkeit und die Richtigkeit einer Aussage. Die Wahrheit drückt den Bezug zur objektiven Welt, die Wahrhaftigkeit zur subjektiven Welt und die Richtigkeit zu den sozialen Normen aus. Basis der Geltungsansprüche ist das gegenseitige Verstehen der Aktoren. Die zwei von Habermas unterschiedenen Formen der Vernunft sind auch in Handlungstypen ausdrückbar, so liegt das strategische Handeln der instrumentellen Vernunft und das kommunikative Handeln der kommunikativen Vernunft zugrunde. Diese zwei Handlungstypen sind in ein zweistufiges Gesellschaftsmodell eingebettet: Lebenswelt und System. Die Lebenswelt formiert sich durch das kommunikative Handeln der Subjekte, in ihr sind Werte, Kultur, Deutungsmuster und Verhaltensschemata sozialisiert. Im Gegensatz dazu funktionieren Systeme nach strategischen Gesichtspunkten.

Habermas unterscheidet zwischen politischen und wirtschaftlichen Systemen, dabei ist das eine durch das Kommunikationsmedium Geld und das andere durch das Kommunikationsmedium Macht geregelt. Habermas will mit seiner Gesellschaftstheorie die volle Komplexität des Modernisierungsprozesses aufzeigen. Seiner Meinung nach habe sich das System erst aus der Lebenswelt entwickelt und sich im Prozess der Modernisierung von ihr losgelöst. Folglich haben sich Systeme erst aus der Lebenswelt ausdifferenziert. Hier ist der Unterschied zur traditionellen Kritischen Theorie besonders gut sichtbar, anstatt auf Arbeits- oder Tauschprozesse konzentriert sich Habermas auf Kommunikationsprozesse und Verständigungsverhältnisse. Durch die von den Systemen hervorgerufene Kolonialisierung der Lebenswelt, die sich vor allem durch Bürokratisierung und Ökonomisierung auszeichnet, entstehen sogenannte Pathologien der Vernunft, die eine Verarmung der Kultur, eine Auflösung der Werte und deren Ersatz durch Zweckrationalität zur Folge haben. (vgl. Gertenbach et al. 2009)

Hier möchte ich Habermas einmal selbst zu Wort kommen lassen um das bisher gesagte zusammenzufassen:

> „*Der Grundbegriff des kommunikativen Handelns erschließt den Zugang zu drei Themenkomplexen, die miteinander verschränkt sind: zum Begriff der kommunikativen Rationalität, zu einem zweistufigen, die Paradigmen von Handlung und System verknüpfenden Gesellschaftskonzept und zu einem theoretischen Ansatz, der die Paradoxien der Moderne mit Hilfe einer Unterordnung der kommunikativ strukturierten Lebenswelt unter die imperativen verselbständigten, formal organisierten Handlungssysteme erklärt.*" (Habermas 1981 Bd. 1, S. 8)

Um einer Kolonialisierung der Lebenswelt entgegen zu wirken bedarf es sogenannten Diskursen, welche der Lebenswelt entspringen und in den Systemen integriert werden müssen. Dies bedeutet, dass eine kritische Öffentlichkeit, moralische, kulturelle und soziale Interessen wieder in die Systeme einfließen lassen muss. Damit solche Diskurse in einer gerechten Art und Weise entstehen hat Habermas in Auseinandersetzung mit Apel eine Diskursethik entwickelt. Diese orientiert sich an der Idealsituation herrschaftsfreier Kommunikation, die sich durch den „*zwanglosen Zwang des besseren Argumentes*" (Habermas 1984, S. 132) auszeichnet. Habermas ändert mit seiner Gesellschaftstheorie auch die Zielsetzung der Kritischen Theorie, diese war die Aufhebung des Kapitalismus, nun ist es die Integration der Zivilgesellschaft in Systemprozesse:

> „*Ziel ist nicht mehr schlechthin die Aufhebung eines kapitalistisch verselbständigten Wirtschafts- und eines bürokratisch verselbständigten Herrschaftssystem, sondern die demokratische Eindämmung der kolonialisierenden Übergriffe der Systemimperative auf lebensweltliche Bereiche.*" (Habermas 1990, S. 36)

Diskursethik

Habermas sieht sich mit seiner Theorie der Diskursethik in der Tradition Kants. Dessen sich auf das Subjekt beziehende Sittenlehre will er mittels einer Diskurstheorie der Intersubjektivität neu begründen. An Stelle des Kategorischen Imperativs tritt die rationale Argumentation nach moralischen Gesichtspunkten. In den Ausformungen des Kantschen Imperativs erkennt man einige Geltungsansprüche von Habermas wieder. So ist der Imperativ Kants der sich auf die Maxime des menschlichen Handelns als allgemeines Gesetzt bezieht mit der Argumentation, dass nur solche Normen welche von allen Teilnehmern an Zustimmung finden einem Diskurs Geltung erheben, stark verwandt (vgl. Brunkhorst /Kreide /Lafont 2015, S. 47).

Aus diesem Gedankengang gewinnen wir auch schon die Grundform der habermasschen Diskurstheorie. Ein Diskurs soll von Normen getragen werden die von allen Teilnehmern rational nachvollzogen und begründet werden können. So sollen Normen durch praktische Diskurse formuliert werden. Um Habermas folgen zu können, brauchen wir die Unterscheidung zwischen moralischen und ethischen Handeln. Moralisches Handeln lässt sich bezeichnen als das rechte Handeln das sich an gemeinschaftliche Normen orientiert und deshalb diskursiv begründbar ist. Ethisches Handeln verweist auf Fragen der Lebensführung in denen jedes Individuum sich selbst antworten auf das gute Leben gibt. Nur erstere dürfen von der Diskurstheorie begründet werden (vgl. ebd., S. 235f). Habermas spricht in Verbindung mit seiner Diskurstheorie immer auch von einer Situation der Herrschaftsfreiheit. Ein Diskurs ist dann herrschaftsfrei wenn alle Teilnehmer gleiche Argumentationspartner sind, keiner/e durch eine bessere Stellung im Diskurs privilegiert ist. Des Weiteren ist ein Diskurs nur Herrschaftsfrei wenn jeder Teilnehmer den anderen das Recht zuerkennt sich im Diskurs von Argumenten überzeugen zulassen und nicht nur seine eigenen Interessen zu verfolgen. Der Meinungsbildungsprozess zielt deshalb auch immer auf den Konsens aller Teilnehmer ab, dem jeder rational zustimmen muss. Subjekte haben im Diskurs das Recht auf freier Stellungnahme, ohne Sanktionen. Ein rationaler Diskurs ist deshalb auch eine Theorie des Dissenses, in der alles abgelehnt werden kann was einer kritischen Überprüfung nicht standhält. Habermas betont, dass die Diskurse ihre volle Wirkung erst durch eine gesellschaftliche Institutionalisierung entfalten.

Nun können die hier textlich ausgearbeiteten Geltungsansprüche mit den Worten von Habermas zusammengefasst werden:

„1. Alle potentiellen Teilnehmer eines Diskurses müssen die gleiche Chance haben, kommunikative Sprechakte zu verwenden, so daß sie jederzeit Diskurse eröffnen sowie durch Rede und Gegenrede, Frage und Antwort perpetuieren können.

2. Alle Diskursteilnehmer müssen die gleiche Chance haben, Deutungen, Behauptungen, Empfehlungen, Erklärungen, und Rechtfertigungen aufzustellen und deren Geltungsanspruch zu problematisieren, zu begründen oder zu widerlegen. so daß keine Vormeinung auf Dauer der Thematisierung und der Kritik entzogen bleibt.

3. Zum Diskurs sind nur Sprecher zugelassen, die als Handelnde gleiche Chancen haben, repräsentative Sprechakte zu verwenden, d. h. ihre Einstellungen, Gefühle und Intentionen zum Ausdruck zu bringen.(...)

4. Zum Diskurs sind nur Sprecher zugelassen, die als Handelnde die gleiche Chance haben, regulative Sprechakte zu verwenden, d. h. zu befehlen und sich zu widersetzen, zu erlauben und zu verbieten, Versprechen zu geben und abzunehmen, Rechenschaft abzulegen und zu verlangen.“ (Habermas 1984, S. 177f)

An die Diskurstheorie knüpft das Konzept der deliberativen Demokratie an, die als deren gesellschaftlich praktische Formierung ins politische gelten kann.

Öffentlichkeit und deliberative Demokratie

Einen besonderen Stellenwert im Denken von Habermas nimmt seine Verfassungs- und Rechtsphilosophie, die von Hegel und Kant beeinflusst ist, ein. Habermas erkennt in seinem Werk Strukturwandel der Öffentlichkeit, dass sich die im 18. Jahrhundert gebildete lebhafte Öffentlichkeit die für den Rechtsdiskurs so prägend war, im Laufe des 19. Jahrhunderts und besonders im 20. Jahrhundert in die Privatsphäre zurückgezogen hat. Habermas glaubt, dass die Verfassung und der Staat vom Konsens aller Bürger getragen werden muss. Dieses Ideal sei jedoch durch den Strukturwandel des Staates in Vergessenheit geraten. Ein Sozialstaat, der in das Leben der Bürger eingreife brauche aber einen öffentlichen Diskurs, der diesen in eine Richtung weise. Also habe eine kritische Öffentlichkeit zu überprüfen ob die Interessen des Volkes von der Politik getragen würden oder ob das politische System eine Dynamik angenommen hat, die der reinen Machterhaltung dient. Habermas betont vor allem in seiner späteren Rechtsphilosophie, das die Verbindung zwischen moralischer Lebenswelt und systemischen Rechtsfindungsprozessen Maßgebend ist (vgl. Schimank /Volkmann 2007).

Das Recht fungiert dabei als sozialer Integrationsmechanismus zwischen Lebenswelt und System. Das heißt, dass faktisch bestehende Gesetze immer auch auf ihre tatsächliche Geltung befragt werden müssen. Besonders in einer individualisierten und pluralisierten Gesellschaft, können durch herrschaftsfreie rechtliche Diskurse, Rechte entstehen denen alle zustimmen bzw. die von allen geteilt werden.

Um diesen Prozess zu erklären führt Habermas in Anlehnung an Hannah Arendt zwei neue Machtbegriffe ein: Die kommunikative und die administrative Macht.

Pragmatische, ethisch-politische und moralische Diskurse, die als Elemente kommunikativer Macht definiert werden, sollen nach Habermas in administrative Macht (Sanktionsmacht, Rechtsgewalt) umgewandelt werden. Dabei ergänzen sich administrative und kommunikative Macht gegenseitig, d.h. bestehende Rechte machen eine kommunikative Macht erst möglich und umgekehrt überprüft die kommunikative Macht bestehende Rechte auf ihre Gültigkeit und steuert sie.

> *„Die Konstituierung eines Machtkodes bedeutet, daß ein administratives System über Befugnisse zu kollektiv bindenden Entscheidungen gesteuert wird. Deshalb schlage ich vor, das Recht als das Medium zu betrachten, über das sich kommunikative Macht in administrative umsetzt. Denn die Verwandlung von kommunikativer Macht in administrative hat den Sinn einer Ermächtigung im Rahmen gesetzlicher Lizenzen.“* (Habermas. 1998, S.187)

Habermas vertritt das Konzept einer deliberativen Demokratie, die von Zivilgesellschaft, Öffentlichkeit und sozialen Bewegungen getragen wird und erklärt, dass der *„Rechtsstaat ohne radikale Demokratie nicht zu haben und nicht zu erhalten“* (ebd., S. 13) ist. Steuerbar sind solche radikaldemokratischen Entscheidungsprozesse nur durch zivilgesellschaftliche Strukturen, in denen lebensweltliche Erfahrungen eingebracht werden können. Solche zivilgesellschaftlichen Strukturen bleiben jedoch nicht von der instrumentellen Vernunft des Marktes verschont. Besonders Massenmedien üben ihren Einfluss auf den freiheitlichen Kommunikationsprozess aus. Eine pathologische Ausformung der Zivilgesellschaft wäre eine Organisationsform die ihre Aufmerksamkeit rein auf ökonomische Kriterien des Marktes richtet (vgl. Brunkhorst/ Kreide/ Lafont 2015, S 260).

Oskar Negt

Negt zählt ebenso wie Habermas zu den Vertretern der zweiten Generation der Kritischen Theorie, da er diese zum Teil neu formuliert. Bei seiner akademischen Abschlussvorlesung in Hannover, erklärte er, dass ihn neben Horkheimer, Adorno und Habermas besonders Marx und Kant inspiriert haben. Diese stellen das Fundament seines philosophischen Denkens dar. Von Kant übernimmt Negt den Begriff der menschlichen Würde und von Marx die Kritik der kapitalistischen Wirtschaftsform. Auf einen Punkt gebracht könnte man seine Philosophie als Analyse der menschlichen Würde unter den Verhältnissen des Kapitalismus definieren. Daraus speist sich die Kritikfähigkeit seiner Theorie, da im Kapitalismus die menschliche Würde immer wieder auf die Probe gestellt wird. So gilt Negt auch als Philosoph des kleinen Mannes, der in seinen Schriften Arbeitslosigkeit, Präkarisierung, Flexibilisierung, Armut und Ausgrenzung thematisiert und diese auf die Bedingungen eines menschenwürdigen Lebens reflektiert (vgl. Negt 2010). Er ist durch die Verbindung dieser zwei Denker in der Lage die Gesellschaft in ihrem Sein zu erfassen und sie auf ein Sollen hin zu hinterfragen, Marxs Denken dient ihn dazu die ökonomische Sphäre zu analysieren, Kant um moralische Prinzipien darauf anzuwenden. Hauptsächlich eine Formulierung des Kategorischen Imperativs Kants steht über Negts Philosophie: *„Handele so, daß du die Menschheit, sowohl in deiner Person, als in der Person eines jeden anderen, jederzeit zugleich als Zweck, niemals bloß als Mittel brauchest.“* (Kant 1968, S. 429).

Die Pädagogik ist ein Thema das Negt in seinen Schriften immer wieder aufgreift. Dabei behandelt er Aspekte die von Kindererziehung und Bildung, über politischer Erwachsenenpädagogik und Gewerkschaftsarbeit, bis zu Partizipation in Kindertageseinrichtungen reichen. Negt sieht im Anschluss an die erste Generation der Kritischen Theorie die Familie als Agens der Gesellschaft und entwickelt dieses Konzept nach den in unserer gegenwärtigen Gesellschaft herrschenden Verhältnissen weiter. So sei unsere gegenwärtige soziale Realität einer Erosionskrise ausgeliefert, welche unter anderem die Auflösung der Familienstrukturen zur Folge hat. Hier dockt Negts Erziehungsbegriff an, den er als Pädagogik des Aufrechten Ganges versteht.

Öffentlichkeit und Erfahrung

Negt hat mit dem Filmemacher Kluge in Zusammenarbeit mehrere Bücher veröffentlicht. Im Buch „Öffentlichkeit und Erfahrung. Zur Organisationsanalyse von bürgerlicher und proletarischer Öffentlichkeit" radikalisieren sie unter anderem die Öffentlichkeitstheorie von Jürgen Habermas und entwickeln im Anschluss daran den Begriff der proletarischen Gegenöffentlichkeit. Sie hinterfragen in ihrem Werk im Allgemeinen die historischen als auch die normativen Voraussetzungen der Öffentlichkeit wie sie Habermas entwirft. So verneinen sie die Gleichsetzung einer bürgerlichen mit einer modernen demokratischen Öffentlichkeit. Viel mehr bevorzugen die beiden Autoren die Hervorbringung einer nicht bürgerlichen, proletarischen Öffentlichkeit. Das Aufkommen dieser Öffentlichkeit sehen die Autoren im Verfall der bürgerlichen Öffentlichkeit begründet, da die proletarische Öffentlichkeit die Erfahrung und Organisation der gesellschaftlichen Produktionssphäre zu generieren in der Lage ist. Die Geschichte der Öffentlichkeit wird von ihnen deshalb neu interpretiert, sie verstehen diese als Konkurrenzkampf zweier unterschiedlich mächtiger Öffentlichkeiten. Beide proletarische wie bürgerliche Öffentlichkeit begründen einander gegenseitig. Hauptsächlich wird die von Habermas beschriebene Organisation der Öffentlichkeit durch rationale Argumente kritisiert. Eine Öffentlichkeit sollte viel mehr gesellschaftliche Erfahrungszusammenhänge zur Geltung bringen und ist in einer Klassengesellschaft nur dann sinnvoll wenn sich die Erfahrungen der Arbeiter in proletarischen Lebensrealitäten ausdrücken (vgl. Brunkhorst /Kreide /Lafont 2015, S. 149).

> *„Ohne die Entwicklung proletarischer Öffentlichkeit dienen auch die Reaktionsbildungen des Widerstands, seine starren Charak-*

tere, zur Befestigung des Systems. Sie absorbieren, wenn sie nicht die Entwicklung proletarischer Öffentlichkeit und die Organisierung proletarischer Erfahrung vorwärtstreiben, die Substanz dieser Erfahrung." (Negt/ Kluge 1973, S. 310)

Erfahrungen realisieren sich dabei durch Affektstrukturen, Wahrnehmungsformen und Werteeinstellungen. Die Organisation der Öffentlichkeit sollte sich nach Negt und Kluge vielmehr durch die genannten Erfahrungsformen ausdrücken als durch rational zu begründende Argumente und Erklärungen (Brunkhorst/ Kreide/ Lafont 2015, S. 149). Die Bürgerliche Öffentlichkeit ist nach Negt und Kluge überlagert von instrumenteller Vernunft, die der Massengesellschaften vor dem Zweiten Weltkrieg entsprungen ist. Die Erfahrung der bürgerlichen Öffentlichkeit wandelt sich in Scheinerfahrung um, sie ist beeinflusst von Entfremdung und Ideologisierung der Bewusstseinsindustrie und der Massenmedien.

„Das Normgeflecht der bürgerlichen Öffentlichkeit wird von massiven Produktionsinteressen derart okkupiert, daß es zu einer Instrumentensammlung wird, die von privaten Interessen eingesetzt werden kann." (Negt, Kluge 1973, S. 41)

Diese ideologischen Beeinflussungen verhindern das Aufkommen der proletarischen Gegenöffentlichkeit, so können Arbeiter nicht zu einem objektiven durch Erfahrung geprägten Bewusstsein ihrer Klassenlage kommen. Negt und Kluge beschwören deshalb einen dialektischen Kampf zwischen proletarischer und bürgerlicher Öffentlichkeit. Sie sehen die Emanzipation der Öffentlichkeit nur durch einen radikalen kulturellen und ästhetischen Klassenkampf verwirklicht (vgl. Brunkhorst / Kreide /Lafont 2015, S. 51).

Kulturelle Erosionskrise

Ausgangspunkt der späteren Gesellschaftsanalyse Negts ist der Begriff kulturelle Erosionskrise. Negt sieht unsere Gesellschaft an einen Punkt angelangt an dem sich die gesamte Struktur der menschlichen Lebensverhältnisse verändert. Anders als rein ökonomische Krisen verändert die kulturelle Erosionskrise die Subjekte und ihre Stellung zur Gesellschaft. Sie verändert die „*Primärsozialisation des Kindes über Staat und Recht bis zum Weltmarkt.*" (Negt 1984, S. 57) Negt erklärt, dass der Begriff der kulturellen Erosionskriese am besten mit dem durkheimschen Begriff der Anomie zu vergleichen ist:

> „*Charakteristisch für Anomie ist eine Situation der Norm- und Orientierungslosigkeit, die in den Individuen, auch wenn ihre soziale Lage, ja die der Gesamtgesellschaft relativ stabil erscheint, Gefühle der Vereinsamung und Verlassenheit, Angstzustände von Macht- und Hilflosigkeit bewirkt. Es ist ein Zustand, in dem alte Normen nicht mehr gelten, die regulierende Kraft der Tradition (…) teilweise oder ganz außer Kraft gesetzt ist, aber neue Handlungsorientierungen, die Sicherheit im Alltagsverhalten verbürgen, noch nicht gefunden sind. Erosion setzt den Akzent deutlicher auf den Prozess der Zersetzung und weniger, wie bei Durkheim, auf das Resultat, den Zustand.*" (Negt 1999, S. 23)

Bezeichnend für die kulturelle Erosionskrise ist die Auflösung der traditionellen Familienstruktur, der Verlust von Bindungen, das wanken des Bildungssystems, die Flexibilisierung von Arbeitsverhältnissen, die Polarisierung von Arm und Reich, das Ende der Arbeitsgesellschaft, die mit dieser einhergehenden Arbeitslosigkeit und die Entpolitisierung der Menschen. Negt übernimmt den Begriff der Zwei-Drittel-Gesellschaft, in der ein Drittel der Bevölkerung, die aus Dauerarbeitslosen, sozialpsychiatrisch Betreuten und Randgruppen besteht, marginalisiert wird und nicht mehr integrierbar ist. Solche gesellschaftlichen Umbrüche bergen seinerseits die Gefahr, dass Menschen sich wieder in Ideologien flüchten:

> „*Wenn der Angstrohstoff von Menschen, die in ihrer Tätigkeit und ihrem Überlebenskampf erhebliche Teile ihrer Lebensenergie verbrauchen, beständig anwächst, sammeln sich an allen Ecken und Kanten der Europäischen Gesellschaft die politischen Scharlatane und Propheten des kollektiven Unheils.*" (Negt 2012a, S.33)

Am Anfang des 20. Jahrhunderts hat es nach Negt ebenfalls eine kulturelle Erosionskrise gegeben, diese habe ihren Beitrag dazu geleistet, dass die Menschen sich in den Nationalsozialismus flüchteten. In einer Erosionskrise steckt nach Negt nicht nur Negatives, sondern sie berge auch das Potential die Gesellschaft positiv zu verändern.

Gewerkschaften, Arbeit, Würde, Utopie

Der Großteil von Negts Schriften beschäftigt sich neben Bildung und Erziehung mit politischer Philosophie und dem Verhältnis von Arbeitern und nicht Arbeitern in der kapitalistischen Wirtschaftsform. Vor allem das Faktum, dass in unserer Gesellschaft immer mehr Menschen einfach ausgeschlossen werden weil sie keine Möglichkeiten haben sich in den Arbeitsmarkt zu integrieren sieht er als menschenunwürdige Zustände an, die zu großen psychischen Leiden führen können. Arbeit sei ein Grundbedürfnis der Menschen, sie wird trotz des nicht mehr Vorhandenseins für alle zur Grundsäule unserer Gesellschaft erklärt. Das Subjekt, welches keine Arbeit findet wird systematisch ausgegrenzt und marginalisiert.

> „*Arbeitslosigkeit ist ein Gewaltakt. Sie ist ein Anschlag auf die körperliche und seelisch-geistige Integrität, auf die Unversehrtheit der davon betroffenen Menschen. Sie bedeutet Raub und Enteignung jener Fähigkeiten und Eigenschaften, die innerhalb der Familie, der Schule und der Lehre in einem mühsamen und aufwendigen Bildungsprozess erworben wurden und die (...) in Gefahr sind, zu verrotten und schwere Persönlichkeitsstörungen hervorzurufen.*“ (ebd., S. 68)

Der gesamte Prozess auf den die schulische Laufbahn hinarbeitet ist die Arbeit, umso schwerer ist es wenn am Ende dieser Laufbahn nichts steht. Aber nicht nur arbeitslose Menschen sehen sich im Angesicht dieser gesellschaftlichen Entwicklungen unter Stress, sondern auch jene die in die Arbeitsgesellschaft integriert sind. Durch die ständige Angst den Arbeitsplatz zu verlieren, die dadurch bestimmt wird, dass Arbeiter und Sozialgesetze immer weiter gelockert werden, sehen sich Subjekte immer mehr gezwungen sich zu flexibilisieren. Hier kommt auch das Konzept der kulturellen Erosionskrise wieder zum Tragen, die er wie oben schon erklärt im Auflösen von Bindungen und Traditionen begreift. Der kulturellen Erosionskrise wird mit einer betriebswirtschaftlichen Mentalität begegnet die Flexibilisierung, Polarisierung und Abkopplung erzeugt. Flexibilisierung wird hier als Selbstoptimierung in Form einer Ich-AG bezeichnet, in der die Arbeit immer mehr auch in das Privatleben der Individuen eindringt und eine ständige Verfügbarkeit von ihnen fordert. Flexibilisierung wird zur Ideologie, die die Annahme vermittelt, dass es für alle Subjekte ausreichend Arbeit gäbe, man müsse nur anpassungsfähig genug sein um eine zu finden oder diese aufrecht zu erhalten. Dieser objektive Schein propagiert, dass die Grundstruktur der Arbeitsgesellschaft in Ordnung ist und die Individuen selbst für ihr Schicksal verantwortlich sind (vgl. ebd.). Von den Medien wird dieser Schein mitgetragen:

> *„Fragmentierung und Flexibilisierung, diese betriebswirtschaftlich-technischen Instrumente zur Zerfaserung der Ich-Identität und zur Zerstreuung der Lebensenergien, dienen vor allem der Herrschaftssicherung. Die sogenannten öffentlichen Diskurse, das Sprach- und Symbolspektrum der Talkrunden, die praktisch Tag und Nacht angeboten werden – das alles geht in eine Richtung, die Zusammenhänge verschleiert und viel Energie darein setzt, zentrale gesellschaftliche Probleme unbewusst zu machen, in die Bereiche unterschlagener Wirklichkeit abzudrängen.“* (ebd., S. 51)

Die Gesellschaft wird in dreifacher Hinsicht polarisiert. Erstens mit dem Wachstum des Reichtums in den Händen weniger Reicher und der Verarmung immer größerer Gesellschaftsschichten, zweitens durch die Individualisierung der Subjekte und deren Abstand untereinander und drittens durch den immer größer werdenden Abstand zwischen gesellschaftlichen Entscheidungsträgern in der Politik und dem Volk. Negt betont, dass besonders Europa von den Individuen als fremde Entscheidungsinstanz wahrgenommen wird, die zu weit in der Ferne liegt. Durch die Entzweiung der Individuen untereinander sieht er eine immer größer werdende Schwierigkeit eine kritische Öffentlichkeit zu formieren, die für ihre Interessen und Ziele kämpft. Als Abkopplungsprozess bezeichnet Negt die Dreiteilung der Gesellschaft. Ein Drittel gehört zu der privilegierten Schicht die sich aufgehoben fühlt und für die eine Krise befremdend wirkt, das zweite Drittel lebt in prekären und fragmentierten Verhältnissen und wird oft als Prekariat bezeichnet und das dritte drittel besteht aus den gesellschaftlich Überflüssigen, die von sozialer und staatlicher Unterstützung leben. Von der Abkopplung sind besonders letztere betroffen. Anknüpfend an seine Theorie der Herrschaftsmechanismen des Marktes definiert er fünf Krisenherde mit denen sich Europa angesichts der kulturellen Erosionskriese befassen muss.

1. Globalisierung

Die Globalisierung ist dadurch gekennzeichnet, dass die Macht des Nationalstaates immer mehr schwindet und soziale Ausgaben gekürzt werden. Das weltweit agierende Kapital kann nicht eingedämmt werden. Die Produktion der Unternehmen ist nichtmehr an Standorten gebunden. Bei Erhöhung der Steuern von Seiten des Staates sind sie dazu in der Lage deren Produktion in Billigländer auszulagern. An Stelle des Gemeinwohls tritt der unbändige Fluss des Kapitals der den Betrieb zu grenzenloser Auslagerung befähigt. Immer größer werdende Konzerne kontrollieren große Teile des Weltmarkts und sind in der Lage für sich Gesetze auszulegen.

2. Arbeit/ Arbeitslosigkeit

Die Menschen werden durch die zweckrational ökonomische Organisation der Arbeitsgesellschaft polarisiert, flexibilisiert und abgekoppelt. Flexibilisierung von Arbeit und Arbeitslosigkeit wirkt zersetzend auf Identitätsstrukturen. Massenarbeitslosigkeit berührt dabei die Lebensschicksale der Einzelnen und deren Psyche.

3. Strukturwandel der Erziehungs- und Lernorte

Hier ist vor allem die Auflösung der traditionellen bürgerlichen Familie zu nennen, die Erhöhung von Scheidungsraten, der Zuwachs von alleinerziehenden Eltern oder deren relativ neue Organisation in Patchworkfamilien. Desweiteren sind alleinerziehende Eltern vermehrt Opfer von Fragmentierung und leben an der Armutsgrenze. Der Lernort Schule unterliegt den Gesichtspunkten betriebswirtschaftlicher Rationalisierung und Flexibilisierung und bedarf einer Neugründung.

4. Technologische Fortschritt und Ethik

Negt sieht den Mensch im Anschluss an Freud als Prothesengott, der sich selbst durch die Wissenschaft unsterblich machen will. Forschung und Entwicklung kennen keine moralischen Grenzen mehr. Das rücksichtslose Agieren der Forschung in Sachen medizinischer Technologie, Gentechnik, Pränataldiagnostik, Embryonen Manipulation, Klonen hat negative Konsequenzen für den Menschen und muss in einen ethischen Rahmen Gesetz werden.

5. Die schleichende Tendenz der Entpolitisierung
Menschen sehen sich immer mehr vor dem Ohnmachtsgefühl gegenüber Politikern und politischen Veränderungen. Es herrschen Frustrationen im Hinblick der Arbeitslosigkeit, der Fragmentierung und des Abbaus des Sozialstaats. Sie sind der Meinung, dass ihre Stimme nichts mehr wert ist, dass sich politisches Handeln nicht mehr lohnt. Durch die Individualsierung rücken Subjekte immer weiter auseinander und es wird schwerer ein zivilgesellschaftliches Engagement heraufzubeschwören.

Um diesen Tendenzen entgegenzuwirken entwirft Negt verschiedene Alternativen. Er macht sich für ein geeintes Europas stark, dass die Fähigkeit besitzt in wirtschaftliche Prozesse einzugreifen um transnationalen Konzernen die Stirn zu bieten. Die Ökonomie sollte auf neue Werte fußen, die sich nicht an ökonomischer Rationalität orientieren, sondern am Gemeinwohl.

> *„Der Arbeitsgesellschaft geht durchaus nicht alle Arbeit aus, sondern nur eine bestimmte. Die auf Warenproduktion beschränkte lebendige Arbeitskraft ist immer stärker durch Maschinensysteme ersetzbar, nicht aber jene Arbeit, die als Beziehungsarbeit wesentlich daran beteiligt ist, Identitätsbildung der Menschen zu ermöglichen und ein friedensfähiges demokratisches Gemeinwesen zu erhalten. Der Bedarf an Gemeinwesenarbeit steigt in demselben Maße, wie die Arbeitsplatzstrukturen herkömmlicher Warenproduktion durch fortlaufende Rationalisierung schrumpfen.“ (ebd. S.57)*

Des Weiteren kämpft er für die Verkürzung der Arbeitszeiten und die Einführung eines bedingungslosen Grundeinkommens, um die Möglichkeit zu eröffnen mehr Arbeit für das Gemeinwesen frei zu legen. Negt vereidigt dabei auch den Nutzen der Gewerkschaften und plädiert gegen eine Abschaffung für die Erweiterung ihrer Kompetenzen. Anstatt sich auf eine Verteidigungshaltung zu stützen, sollte sie deren Aktionsfeld öffnen für kulturelle und gesamtpolitische Interessen wie Wohngebiete und Stadtteile, Familie und Erziehung, Verkehr und Ökologie. Sie sollte Orte des phantasievollen, exemplarischen Austauschs ermöglichen um Erfahrungsfelder von gegebenen Lebenssituationen in den gesellschaftlichen Diskurs einfließen zu lassen (vgl. Negt 2005). Dabei ist zu betonen, dass Negt Demokratie als einzige Staatsform sieht die gelernt werden muss. Demokratie kann nur als politische Lebensform verwirklicht werden, in der öffentliche Erfahrungsräume geschaffen werden. Politische Öffentlichkeiten sollten wieder mit Utopie gefüllt werden. Angesichts der alles zersetzenden Erosionskriese soll dem Gegenwartssinn ein Möglichkeitssinn entgegengehalten werden der auf konkrete realistische Utopien verweist (vgl. Negt 2012b). „*Nur noch Utopien sind realistisch*" (Negt, 2011, S.560) schlussfolgert Negt in seinem Werk „Der politische Mensch".

Teil 2: Pädagogische Ansätze in der Kritischen Theorie

Zwischenwort

Zu Beginn des zweiten Teils gilt es nun zuerst die Theorien der Mitglieder untereinander zu vergleichen. Des Weiteren werden dann verschiedene pädagogische Ansätze in deren Denken dargestellt. Diese Arbeit ist mit dem Gedanken verfasst, dass die pädagogischen Konzepte der Denker der Frankfurter Schule eine innere Konsistenz besitzen, bzw. sie sich gegenseitig bedingen. Deshalb werden die in diesem Kapitel dargestellten pädagogischen Ideen im dritten Teil zu einem erzieherischen Konzept zusammengefügt. Es ist jedoch unerlässlich dieses Konzept zu reflektieren und durch andere kritische Denker der Gegenwart zu ergänzen.

Unverkennbar in der Darstellung der Mitglieder der Kritischen Theorie ist der immer wieder vergegenständlichte Bezug auf Marx, Freud und Weber, der sich wie ein roter Faden durch alle Publikationen zieht. Einzig die Gewichtigkeit der Denker in den einzelnen Theorien untereinander unterscheidet sich. Horkheimers Entwurf der Kritischen Theorie findet man in jeder ihrer Überzeugungen wieder. Alle sechs verpflichten sich dem dialektischen Denken und selbst Fromm bezeichnet seine Theorie als dialektischen Humanismus. Am meisten Platz in Fromms Denken nimmt die psychoanalytische Praxis und Charakterlehre Freuds ein, die sich mit Entfremdung und Zweckrationalisierung im marxschen und weberschen Sinne paart. Anders als Adorno und Horkheimer sieht Fromm davon ab eine allumfassende negative Zivilisationskritik aus dem Denken Freuds abzuleiten und wendet sich weniger seinen Metapsychologischen Schriften zu. Marcuse übernimmt ganz klar die zivilisationskritische Perspektive Freuds und daran anschließend Horkheimers und Adornos, schafft es aber sie geschichtsreflexiv zu erweitern und nicht als unüberwindbares Schicksal des Menschen stehen zu lassen. Marcuses Utopie ist jedoch sehr mangelhaft und ihm kann für die gesellschaftliche Praxis wenig abgewonnen werden. Einzig die Reduktion der entfremdeten Arbeitszeit ist ein Vorschlag der von einigen Denkern der Gegenwart rezipiert wurde, unter anderem auch von Negt. Marcuses Vorwurf, Fromms Theorie der besseren Gesellschaft nehme einen mystischen Charakter an, ist deshalb auch auf seine magere Utopie selbst anzuwenden.

Auch Adorno sieht in der Ästhetik das Prinzip der Nichtidentität verwirklicht. In seiner Vision von einer besseren Gesellschaft zeigt er sich aber viel vorsichtiger und verharrt in der Negativität. Habermas nimmt in seiner Theorie des kommunikativen Handelns direkt auf Adorno, Horkheimer und Marcuse Bezug. Sieht aber im Diskurs die Möglichkeit die Dialektik der Aufklärung zu überwinden. Er übersieht dabei aber einige Kritikpunkte, die bereits von der ersten Generation Kritischer Theorie angebracht wurden. Marcuse wies am deutlichsten auf die Verwaltung und Abstraktion der Kommunikation in der fortgeschrittenen Industriegesellschaft hin. Adorno attestiert in der „Minima Moralia" das selbst das gesprochene Wort in der Industriegesellschaft verdinglicht sei. Habermas hat seine Theorie durch die Trennung von System und Lebenswelt sehr einseitig gestaltet, hat er doch etwas getrennt was man eigentlich nicht trennen kann, denn in der Realität sind diese eng ineinander verwoben. Negt konstatiert seine Missachtung der Manipulierbarkeit der Öffentlichkeit von Ökonomie und Politik, die Habermas immerhin in seinen späteren Werken aufgenommen hat. Er hat neben Negt besonders in seinem politischen Denken eine erreichbare Utopie radikaldemokratischer Gesellschaftsgestaltung geliefert, die sich aber nicht wirklich von der instrumentellen Vernunft der Gesellschaft lösen kann. Hierzu hat Negt die Öffentlichkeit als Erfahrungsraum und Produktionsöffentlichkeit umgedeutet. Besonders sein Entwurf der Gewerkschaften kann man als Versuch deuten einen neuen kulturellen Erfahrungsraum zu entwerfen. Negt hat mit der kulturellen Erosionskrise ein Konzept übernommen, welches Fromm teilweise schon in „Die Furcht vor der Freiheit" konstruiert hat, entwickelte es aber im Sinne des durkheimschen Anomiebegriffs weiter. In der Krise betont er stets das positive Potential gesellschaftlicher Veränderung oder die Möglichkeit der Zivilisation wieder in Barbarei zu versinken. Auch das Konzept der Familie als Agens der Gesellschaft denkt er konsequent weiter und zeigt die Veränderungen in deren Struktur und die psychogenetischen Reaktionen der Individuen auf.

In diesem zweiten pädagogischen Teil meiner Arbeit ist Negts Analyse der gegenwärtigen Familienkonstruktion und der Schule als sekundärer Sozialisationsinstanz von immenser Wichtigkeit. Negt übernimmt die negativistische Interpretation des Aufklärungsbegriffs nicht, obwohl dieser in Bezug auf Weber, Adorno und Horkheimer einen zentralen Punkt in seinem Denken einnimmt. Negt versucht diesen aber mit dem Begriff der Würde aufzuschlüsseln und wird nicht müde in jedem seiner Werke die Wichtigkeit von konkreten Utopien zu betonen. In dem utopischen Loch, welches manche Denker allen voran Marx hinterlassen haben, sieht er mitunter einen Grund, dass Ideen von besseren Gesellschaften in Barbarei mündeten. Hier wendet sich Negt direkt an Adorno und kritisiert sein in der „Negativen Dialektik" entwickeltes Bilderverbot. Adornos Schluss, dass jeder Entwurf einer besseren Gesellschaft in Barbarei mündet, deutet er so um, dass nur vage Entwürfe wie sie Marx entwickelt hat sich in Barbarei auflösen, konkrete gesellschaftliche Utopien hingegen zu deren positiven Weiterentwicklung beitragen. Von der Soziologie kommend nimmt die Psychoanalyse im Denken Negts nicht so einen wichtigen Stellenwert ein wie bei der ersten Generation der Frankfurter Schule, obwohl er immer darauf bedacht ist den psychischen Leidensdruck den die Gesellschaft auf das Individuum ausübt nachzuzeichnen. Aber auch bei Habermas der hauptsächlich Kommunikationstheorien in seinem Konzept Kritischer Theorie einfließen lässt, bleibt die Psychoanalyse teilweise im Hintergrund. Freuds Treibtheorie wird bei Habermas und Negt nicht so interpretiert wie sie bei Marcuse, Adorno und Horkheimer an Geltung findet. Darin gleichen sie Fromm, der die Psychoanalyse auf gesellschaftliche Faktoren anwandte.

Trotz der Abwendung Marcuses und Adornos von Fromm ähnelt sich deren Denken in mehrerer Hinsichten. Allen voran ist der marxsche Entfremdungsbegriff in jeden der drei Konzepte sehr stark vertreten, die Begriffe Verdinglichung und Rationalisierung sind in den Werken gegenwärtig. Der Marketing-Charakter den Fromm in Bezug auf die Zweckrationalität der kapitalistischen Ökonomie beschreibt gleicht in seiner Grundform den Eigenschaften die Adorno in der „Minima Moralia" den Individuen zuschreibt. Das „ungelebte" oder „beschädigte" Leben wie es Adorno nennt, ähnelt dem „unlebendigen" Leben Fromms welches er in Verbindung mit seinem Nekrophilen Charakter beschreibt. Beide Formen zeichnen sich dadurch aus, dass sich die Menschen immer mehr den Maschinen angleichen, ihr Leben erkaltet und sie unfähig werden zu lieben. Besonders das Erkalten des Menschen im Kapitalismus sehen Fromm und Adorno als mit Grund für den Nationalsozialismus an. Auch die Überlegungen die Adorno im Rundfunkgespräch über „Zivilisation und Barbarei" aufstellt lehnen sich an Fromms Buch „die Furcht vor der Freiheit" an, in dem er betont, dass der Bruch mit den alten Autoritäten und der damit einhergehende Angst davor den Boden ebnete für den Faschismus. Die von Adorno und Marcuse vorgetragene Kritik an Fromm, kann man teilweise auch auf ihre eigenen Konzepte übertragen, besonders den Revisionismus Vorwurf. Dass Fromm die Triebtheorie aufgegeben hat ist aus pädagogischer Sicht kein Nachteil, sondern ein Vorteil, der den Blick auf Beziehungskonstellationen und auf die Interaktion zwischen Familie und Umwelt schärft. Die Charaktertheorie des Autoritären Charakters wird weitgehend von allen Mitgliedern der Kritischen Theorie geteilt, aber nur von Fromm und Marcuse weitergeführt.

Die Konsumkritik in den Werken Fromms, Horkheimers, Adornos und Marcuses besitzt dieselben Ausgangspunkte. Alle sehen die Kulturindustrie als Manipulationsfaktor des Bewusstseins, aber nur Marcuse bringt deren Funktion durch den Begriff der repressiven Entsublimierung am genauesten auf den Punkt. Fromm sieht im Konsum einen neuen Götzendienst verwirklicht, in dem der Mensch seine Seele auf Gegenstände und Dinge projiziert. Er erweitert den Begriff der Entfremdung dahingehend, dass er den Menschen auch durch Konsum entfremdet sieht, sich beide Konsums- und Arbeitssphäre durch Entfremdung auszeichnen. Fromm betont immer auch die Möglichkeit innerhalb der entfremdeten Gesellschaft ein besseres Leben zu führen, das dann in eine bessere Gesellschaft umschlagen muss um es aufrecht zu erhalten. Die Forderungen auf ein bedingungsloses Grundeinkommen findet man bei Fromm als auch bei Negt. Die Kritik von Marcuse und Adorno zielt neben dem Revisionsmusvorwurf, vor allem auf Fromms positives Menschenbild und seine Bemühungen ein anderes Leben der Individuen gegen die Gesellschaft zu entwerfen, ab. Adorno der kein besseres Leben entwirft aber die Wichtigkeit der Kritik und Negation des Bestehenden betont, geht davon aus, dass kein besseres

Leben skizziert werden darf, damit dieses nicht in Ideologie umschlägt. Marcuse sieht durch die Befreiung aus gesellschaftlichen Zwängen, die sich in einer großen Weigerung ausdrückt, die Chance ein besseres Leben zu führen. Das Richtige Leben kann für ihn erst nach einer Revolution, in der die freie Entsublimierung möglich ist, gewährt werden. Als Disziplin die sich mit der Bildung des Gesellschaftscharakters beschäftigt, ist die Frage nach dem richtigen Leben des Individuums in der falschen Gesellschaft für die Pädagogik von großer Relevanz, deshalb werden die Theorien Fromms als ebenbürtig mit diesen der anderen Denker in dieser Arbeit behandelt.

Kritische Theorie als Praxis pädagogischer Erkenntnis

Wie schon dargelegt hat Horkheimer mit der Kritischen Theorie ein Konzept entworfen, welches kritische Erkenntnis in Theorie und Praxis ermöglicht. Sein Konzept gilt es nun auf die Pädagogik als Erkenntniszusammenhang zu übertragen. Die Grundsätze der Kritischen Theorie greifen für die pädagogische Praxis mehrfach:

- Zur Selbstreflexion in erzieherischen Situationen.
- Als kritischer Erkenntniszusammenhang in der empirischen Erziehungswissenschaft.
- Zur kritischen Hinterfragung der Pädagogik in ihrer Rolle als Disziplin, die verdeckte sowie offene ökonomische, kulturelle und politische Herrschaftsverhältnisse stützt.

Die Pädagogik kann an Horkheimer anschließend, niemals nur als autonome Theorie angesehen werden, sondern muss an dem Konzept der Interdisziplinarität festhalten um die Gesellschaft als Totalität erkennen zu können. Gesellschaftliche, ökonomische, kulturelle, psychische und politische Faktoren müssen auf historische Kontexte reflektiert werden, um pädagogische Situationen, die sich aus gesellschaftlichen Gegebenheiten entwickeln. in ihrer Vollständigkeit wahrnehmen zu können.

Im Anschluss an Horkheimer ist es nun möglich, immer in Beachtung von Interdisziplinarität und historischer Reflexivität die Prinzipien der Pädagogik der Kritischen Theorie, die im Verlauf dieser Abhandlung weiterentwickelt werden, zu skizzieren:

1. Kritisch pädagogische Theorie sieht die Gesellschaft als vom Menschen in seiner expliziten historischen Wirklichkeit gemacht.
2. Kritische Erziehung im Sinne der Frankfurter Schule sieht sich selbst als soziales Phänomen und muss sich als erkennendes Subjekt im Erkenntnisprozess bestimmen. Hierzu wird Pädagogik als Subjekt- Objektbeziehung erkannt, nicht wie in den positivistischen Wissenschaften als reine Objektbeziehung
3. In der gesellschaftlichen Totalität wurzelnde Widersprüche müssen identifiziert und in ihrer Ganzheit dargestellt werden (mehr im Kapitel Negative Pädagogik).
4. Erziehung selbst muss sich in ihrer Funktion als Faktor gesellschaftlicher Reproduktion in Frage stellen. Sich in Konflikt begeben mit der gesellschaftlichen Faktizität und diese an pädagogischen (utopischen) Idealen messen.
5. Die Pädagogik der Frankfurter Schule sieht sich als Ideologiekritik die vom Kapitalismus produzierte Ungerechtigkeiten und Widersprüche in Erziehungssituationen aufzeigt. Hierzu zählt die Ökonomisierung von sozialpädagogischen Institutionen und Bildungseinrichtungen und deren Organisation nach zweckrationalen Gesichtspunkten.
6. Der Warenfetischismus und die Kulturindustrie als Produzenten gesellschaftlicher Verblendungszusammenhänge, werden kritisch im Bezug ihrer Manipulationstendenzen auf die pädagogische Situation, auf den Erzieher und das zu erziehende Subjekt untersucht.
7. Primäre sowie Sekundäre Sozialisationsinstanzen unter den Gesichtspunkt der Reproduktion gesellschaftlicher Charakterstrukturen und deren Aufrechterhaltung von politischen, ökonomischen und soziokulturellen Herrschaftsmechanismen zu erforschen.
8. Die Aufdeckung kapitalistischer, sozialer und kultureller Krisen die dazu führen, dass sich Individuen in faschistische Verhaltensweisen flüchten und diesen durch pädagogischer Präventionsarbeit entgegenzuwirken.
9. Der pädagogische Erkenntnisprozess erfolgt in dialektischer Form. In dem die historisch gewordene Situation (Position) im Hinblick einer besseren Gesellschaft verneint wird (Negation), ergibt sich die Möglichkeit der qualitativen Änderung im pädagogischen Sinne und deren Aufhebung in einer höheren Stufe (Synthese). Dem Wirklichkeitssinn wird ein Möglichkeitssinn gegenübergestellt.

10. Der Fortschritt und dessen Auswirkungen werden als eigenständige Dynamiken verstanden, die sich vom Menschen entfernt haben. Darum gilt es Beschleunigungstendenzen des Fortschritts in ihren Konsequenzen auf die Erziehung auszuarbeiten. Fortschritt wird als eigenständige Entwicklung angesehen, die sich dem Bedarf des Menschen durch instrumentelle Nutzung entzogen hat.
11. In der positivistischen Forschung verfallen Individuen durch quantifizierbarkeit der Abstraktion (nomothetische Forschungstradition), dem werden umfassende, konkrete und qualitative Analysen gegenübergestellt (ideografische Forschungstradition) (vgl. Gudjons 2012, S. 39).
12. Technische Rationalität in empirischen Forschungstraditionen verdeckt Meinungen die stets als vorhanden vorausgesetzt werden.
13. Inhalt des Erziehungsbegriffs im Sinn der Frankfurter Schule ist Emanzipation.

Negativ dialektische Pädagogik

Im Anschluss an Horkheimers Fundierung Kritischer Theorie kann die „Negative Dialektik" genannt werden, da diese ebenfalls den epistemologischen Erkenntnisprozess der Wirklichkeit in kritischer Manier zu fassen versucht. Im Unterschied zu ersterer zeichnet sich diese aber durch eine negativistische Wende der Kritischen Theorie aus. Die Gesellschaft soll nur mehr in Form der Negation analysiert werden. Auf die Pädagogik angewandt verschiebt sich der Blickwinkel auf reine Kritik erzieherischer Disziplinen oder Konzepte und wird dem Anspruch auf Emanzipation nur noch in ihrer Kritikhaltung gerecht. Deshalb wird negativ dialektische Pädagogik als Ergänzung kritisch pädagogischer Theorie gesehen, jedoch nicht als ihr Grundkonzept. Als solches bleibt die im vorherigen Kapitel entwickelte Kritische Theorie der Pädagogik bestehen. Ziel der Disziplin bleibt im horkheimerschen Sinne weiterhin eine bessere Gesellschaft und mit ihr ein Erziehungsbegriff der in der Lage ist diese positiv zu verändern. Absicht negativer dialektischer Pädagogik ist es Widersprüche in Erziehungsprozessen, Forschungstraditionen oder Erziehungstheorien auszuarbeiten und diese in ihrer Widersprüchlichkeit bestehen zu lassen.

Somit bekommt kritisch pädagogische Theorie im Hinblick auf die negative Dialektik einen Aufdeckungscharakter, der *Unvereinbarkei-*

ten in der Pädagogik darzustellen versucht. Durch einer solchen Form des Erkenntniszusammenhangs kann die Pädagogik sich von dem Anspruch frei machen jeden Gegenstand der Kritik in eine neue Positivität umzuwandeln, vielmehr ist diese vor die Wahl gestellt im Sinne kritischer Pädagogik Inputs zur Veränderung der Gesellschaft und mit ihr der Erziehung zu geben oder Gegensätze aufzuzeigen und diese in ihrer Widersprüchlichkeit stehen zu lassen. Damit wird der Pädagogik als Wissenschaft der Zwangscharakter, Erkenntnis auf erzieherische Praxis hin verwertbar zu machen, genommen, diese soll vielmehr bereits bestehende Konzepte in Form der Selbstkritik hinterfragen.

> *„Kritik wird erst dann radikal, gründlich und rückhaltlos, wenn sie nicht unter dem Diktat steht, immer zugleich mitzuteilen, wo das Positive stecke. Die Pädagogen halten nur schwer aus, dass sie durch eine vorbehaltlose Kritik an ihrem eigenen Maßstab gemessen werden und dann – wie in einer langen Kunstpause – die Frage offen bleibt: Und was nun? Besser schon ergeht es ihnen in der Auseinandersetzung."* (Dammer/ Vogel/ Wehr 2016, S. 43)

Wichtig ist es nun Pädagogik in Form der negativen Dialektik nochmals genauer zu definieren. Dazu kann man sich auf Andreas Gruschkas Konzept der Negativen Pädagogik, die dieser im Anschluss an Adorno formuliert hat, beziehen. Dessen Konzept wird als Selbstkritik der Pädagogik geteilt. Aber als Wissenschaftstheorie reiner Negativität ohne positiven gesellschaftsveränderndem Potential abgelehnt. Natürlich weist die Negation im Sinne Adornos immer auch auf eine bessere gesellschaftliche Wirklichkeit, bedarf aber auch einer gewissen Positivität als Perspektive des Möglichkeitssinnes wie ihn Habermas, Negt und Fromm entwerfen.

Negativ dialektische Pädagogik hat sich dadurch auch mit kritisch erzieherischen Konzepten auseinander zu setzen, die Kritik zum Gegenstand erzieherischer Praxis machen und diese in entfremdeter Form darstellen. Darin richtet sie sich besonders auch auf das Allzuständigkeitsgefühl einiger Pädagogen/Innen und pädagogischer Einrichtungen. Sie distanziert sich von Theorien die

> *„um die Vermittlung der bereits formulierten Gesellschaftskritik an die Heranwachsenden bemüht. (…) Das geschieht in der*

Weise, dass gefordert wird, in der Pädagogik über all das aufzuklären, was in der Gesellschaft falsch läuft, oft verbunden mit einer Einschwörung auf eine Perspektive der Rettung der Gesellschaft, wie sie verschiedene Bindestrich-pädagogiken auszeichnet: die Friedenspädagogik, Umweltpädagogik, oder einmal proletarische Erziehung. Hier überhebt sich Pädagogik, als wäre sie die kritische Superwissenschaft und Heilsbringerin." (ebd., S. 40)

Dabei richtet sich die Kritik nicht auf den Gegenstand der Erziehung selbst, sondern an deren Anspruch. Natürlich kann Gesellschaftskritik Thema der Pädagogik sein aber unter anderen Voraussetzungen wie sie z. B. in Schulen stattfindet.

In diesem Kontext wird deutlich, dass negativ dialektische Pädagogik versucht Mängel und Engpässe in der eigenen Theorie aufzuzeigen und vor der Eigenüberschätzung pädagogischer Überzeugungen warnt. Dabei versteht sie sich auch als Abgrenzungstheorie die pädagogisches Handeln durch Kritik eingrenzt und Hindernisse sowie nicht beeinflussbare Faktoren für die erzieherische Praxis aufzeigt. So stellen sich Pädagogen und Pädagoginnen in negativ dialektischer Manier gegen das Verständnis von Pädagogik als ein

„*Musterfall für die Idealisierung falscher Praxis. Sie halten nichts von Erziehung, die ihnen vielfach nur als Abrichtung und Tötung der kindlichen Seele erscheint, nichts vom Lehrer und der Didaktik, die ein Halbwissen aus zweiter Hand darstellt, auf verblödende Verkopfung hinausliefe und die Trivialisierung der Dinge betreibe.*" (ebd., S. 44)

Adorno selbst arbeitete zwar streng negativ dialektisch, dies hielt ihn aber nicht davon ab in Radiovorträgen zu Themen wie Erziehung zur Mündigkeit wichtige Anforderungen an die Pädagogik aufzubereiten. Also findet man im Denken Adornos selbst die oben genannten Prinzipien wieder, Pädagogik als Kritik und Selbstkritik der Disziplin, aber auch als Grundkategorie gesellschaftlicher Veränderung.

Dabei gilt es im Hinblick auf Adornos Konzept der Mündigkeit zu hinterfragen was aus den hohen Ansprüchen die Adorno gesetzt hat in der gesellschaftlichen Praxis geworden ist. War und ist Mündigkeit nicht zu einer hohlen Hülse pädagogischer Schlaumeierei geworden, die sich viele Erziehungseinrichtungen auf die Fahnen schreiben, aber niemand auf deren tatsächlichen Verwirklichung hin überprüft? Wurde nicht im gesellschaftlichen Diskurs von Mündigkeit gesprochen, dieser aber in der Praxis ausgeblendet und weitergemacht wie bisher? Ist es nicht Fakt das Individuen die aus gesellschaftlichen Erziehungseinrichtungen austreten eher Unmündigkeit durch Entfremdung ausstrahlen?

Hier kommt vor allem das besondere Verständnis negativ dialektischer Theorie zu tragen. Negative Dialektik versucht Grundsätze der Erziehung in ihrem theoretischen Sinn im Bezug auf die Wirklichkeit zu hinterfragen. Also Selbstkritik als Ausarbeitung von Widersprüchen zwischen Theorie und erzieherischer Praxis zu betreiben. So gilt es Ideale der Erziehung zu analysieren die in der Realität nicht das aufzeigen was sie in ihrer Theorie als Anspruch erheben. Solche erkenntnistheoretische Selbstkritik wendet sich an die Worte selbst, um das Nichtidentische zwischen bezeichnender Theorie und gesellschaftlicher Wirklichkeit auszuarbeiten. In einem darauffolgendem Kapitel wird die Mündigkeitstheorie von Adorno dargestellt und schon im Aufzeigen seines Entwurfs wird klar wie wenig davon erst verwirklicht wurde.

Entfremdung als Grundkategorie politischer Pädagogik

Der Entfremdungsbegriff ist im Erziehungsdiskurs deshalb so wichtig weil er die Weichen stellt zwischen Selbstentfaltung und gesellschaftlicher Manipulation. Somit zieht dieser die Grenzen zwischen gesellschaftlicher Veränderung und ökonomisch, politischer, sozialer Unterdrückung. Ausgangspunkt des marxschen Entfremdungsbegriffs ist die Arbeit als gesellschaftliche Instanz der Produktion. Im Kapitalismus versteht der Arbeiter den gesamten Produktionsprozess nicht mehr, er steht den von ihm produzierten Waren fremd gegenüber, er kommt nicht in den Gesamtgenuss des Wertes den er produziert, er kann die Art der Ware oder dessen Änderung nicht bestimmen. Der Arbeiter ist somit Opfer sozialer Verhältnisse, die ihn entfremden.

Horkheimer und Adorno haben den marxschen Entfremdungsbegriff umgehend weiterentwickelt. Dieser wurde nun auch zur Entfremdung von der Natur. Durch die kapitalistische Weltaneignung in Form der

Zweckrationalität, werden Menschen untereinander und die Natur zu Dingen. Beide gehen jedoch noch einen Schritt weiter und beschreiben die Verdinglichungswirkungen des Kapitalismus unter psychischen Gesichtspunkten. Auch der Warenaustausch gerät durch den Warenfetischismus unter den Einfluss der Entfremdung. In Form der Kulturindustrie können Individuen manipuliert und in ihrem Bewusstsein beeinflusst werden. Sie werden somit Opfer totaler Verwaltung. Marcuse vervollkommnet die Theorie Horkheimers und Adornos in dem er den Begriff der repressiven Entsublimierung in den gesellschaftlichen Diskurs einfügt. Dieser betont die Fähigkeit der Massenkultur Triebe und Bedürfnisse von Individuen in Formen zu pressen, sie also nach gesellschaftlichem Interesse zu verändern und dort Bedürfnisse zu schaffen wo vorher keine waren. Das Denken wird in eindimensionale Bahnen geleitet und eine Utopie, die eine bessere Gesellschaft zum Thema hat kann sich niemand mehr vorstellen. Zusätzlich hilft die Surplus Repression bestehende Ideologien zu stützen. Dazu zählen auch kulturell vorbestimmte Strukturen wie Geschlechtsverhältnisse oder die patriarchale Familienkonstellation. Fromm schließt in ähnlicher Form an Marcuse an und betont, dass der moderne Mensch im Spätkapitalismus Opfer eines neuen Götzendienstes wurde. Das Produkt menschlicher Arbeit wird in Form des Warenfetischismus wie ein Gott verehrt. Hieraus speist sich auch Fromms Konsumkritik.

> *„Der Akt des Konsums sollte ein sinnvolles, humanes, produktives Erlebnis sein. Davon ist in unserer Kultur nur wenig übrig geblieben. Wenn wir etwas konsumieren, so bedeutet das im wesentlichen die Befriedigung von künstlich stimulierten Phantasievorstellungen, die unserem konkreten wirklichen Selbst entfremdet sind (…). Der Mensch von heute ist geradezu fasziniert von der Möglichkeit, noch mehr, noch bessere und vor allem neuartige Dinge zu kaufen. Er ist Konsumsüchtig. Der Akt des Kaufens und Konsumierens ist zu einem zwanghaften, irrationalen Ziel geworden, weil er zum Selbstzweck ohne Beziehung zum Gebrauch der gekauften und konsumierten Dinge geworden ist.“* (Fromm 2011b, S. 118f)

Dabei wird die Seele der Menschen auf die Dinge projiziert und sie erkennen sich in den Waren, die sie konsumieren wieder, darin sind sich Fromm und Marcuse einig.

Habermas entwickelt die Theorie der Entfremdung nicht weiter, arbeitet den Begriff an Horkheimer, Adorno und Fromm anschließend in seinem Werk „Technik und Wissenschaft als Ideologie" aus und kritisiert ihn im Sinne der kommunikativen Vernunft. Er schafft es jedoch nicht diesen vollständig aufzuheben, da auch die Lebenswelt unter das Diktat der Entfremdung fällt und diese nicht wie in der Theorie vom System getrennt werden kann.

Negt greift das Prinzip der Entfremdung in seiner Diagnose des Sozialen wieder auf und untersucht es in der gegenwärtigen Gesellschaft. Dabei diagnostiziert er, dass Entfremdung im 21. Jahrhundert neue Formen angenommen hat und zu enormen psychischen Druck führt. Flexibilisierung in der Arbeit führt zur Selbstoptimierung des Individuums. Es fungiert durch die Verantwortungsverschiebung in der Arbeit als Ich-AG und ist ständig unter Druck seinen Arbeitsplatz zu verlieren. Dabei dringt Arbeit immer mehr in den Privatbereich ein und fordert eine ständige Verfügbarkeit. Besonders der Abbau des Sozialstaats, die mit ihr einhergehende Lockerung der Sozialgesetzgebung und das Aufkommen der Projektarbeit haben diese Wandlung der Arbeit mit zu verantworten. Die Schuld für den Arbeitsverlust verschiebt sich von einer strukturellen auf eine individuelle Ebene, in der das Individuum immer hätte mehr tun können um den Arbeitsplatz nicht zu verlieren. Entfremdung verlagert sich aber auch von der Arbeit auf die Arbeitslosigkeit, in der Millionen von Menschen in Zwangsverhältnisse leben, weil sie nicht arbeiten dürfen. Arbeitslose werden zur Reservearmee im marxschen Sinne. Trotzdem ist Arbeit in der Gesellschaft immer noch eines der wichtigsten Ziele zur Verwirklichung des Menschen und führt bei jenen die dieses Ziel nicht erreichen zur Schädigung der psychischen Integrität. *„Arbeitslosigkeit ist ein Gewaltakt. Sie ist ein Anschlag auf die körperliche und seelisch-geistige Integrität, auf die Unversehrtheit der davon betroffenen Menschen." (Negt 2012a, S. 33)* Zusätzlich werden Menschen durch Polarisierung immer weiter voneinander entfremdet. Hierzu zählen die immer mehr wachsenden Ungerechtigkeiten zwischen Arm und Reich, die Individualisierung der Subjekte und die Entfremdung von der Politik von der sich immer mehr Menschen nicht mehr ernst genommen fühlen (vgl. Negt 2012a).

Der Anspruch an die Pädagogik der Frankfurter Schule ist es ein Konzept zu finden, das dem Prozess der Entfremdung entgegenwirken kann.

Besonders Negt hat in seinen pädagogischen und bildungstheoretischen Schriften versucht einen neuen Ansatz für Erziehung und Bildung zu finden, der den Prozessen gegensteuern kann. Aber auch Fromm hat mit der produktiven Charakterorientierung einen Anspruch an die Pädagogik formuliert, obwohl er diese über dessen Erreichung teilweise im Dunkeln gelassen hat. Adorno und Habermas haben in ihren beiden Entwürfen von Mündigkeit ebenfalls auf das Phänomen der Entfremdung reagiert. Aber auch in allen anderen hier vorgestellten pädagogischen Untersuchungen wird direkt oder indirekt versucht dem Phänomen der Entfremdung entgegenzuwirken.

Die Theorie der Halbbildung und das eindimensionale Denken

Adorno entwickelte im Sinne der Dialektik der Aufklärung eine eigene Bildungstheorie. Eine Gesellschaft, die sich vollständig nach dem Prinzip der Verdinglichung organisiert, hat Konsequenzen für die Bildung und deren sozialer Funktion. Die Allgegenwertigkeit der Entfremdung führt selbst zur Entfremdung des Wissens und der Bildung. Sie *„ist zu sozialisierter Halbbildung geworden, der Allgegenwart des endfremdeten Geistes. Nach Genesis und Sinn geht sie nicht der Bildung voran, sondern folgt auf sie.“* (Adorno 1975, S. 66) Sie ist Teil der Janusköpfigkeit der Kultur und erzeugt Widersprüche in ihrer eigenen Konstitution, zwar wird sie als Konzept verstanden das Herrschaftsfreiheit und Emanzipation produziert, jedoch nimmt sie in der Praxis der Moderne selbst eine Form der Herrschaft an. Ist Bildung einst von der Aufklärung als Idee der Befreiung verstanden worden, die von der Fremdbestimmung befreit und Individuen in selbstbestimmte Lebensverhältnisse führt, hat sie sich als utopische Vorstellung in der spätkapitalistischen Gesellschaft gerade verkehrt, als Herrschaftsmechanismus der Unterdrückung etabliert und ist somit gescheitert. In einer vollständig verwalteten Welt verflacht Bildung und entwickelt sich zur Halbbildung. Sie wird unter dem Gesichtspunkt der spätkapitalistischen Rationalisierung selbst zur Ware und dadurch Teil der Kulturindustrie. Erkenntnis und der Wille zum Wissen werden in Form der Halbbildung zu Tauschäquivalenten, die sich an ihrer gesellschaftlichen Brauchbarkeit messen lassen, anstatt zu einer an sich wertvollen, schöpferischen Erfahrung der Welt durch Sinnlichkeit und Emotionen frei von Zwecken.

> *„Denn Bildung ist nichts anderes als Kultur nach der Seite ihrer subjektiven Zueignung. Kultur aber hat Doppelcharakter. Er weist auf die Gesellschaft zurück und vermittelt zwischen dieser und der Halbbildung. Nach deutschem Sprachgebrauch gilt für Kultur, in immer schrofferem Gegensatz zur Praxis, einzig Geisteskultur. Darin spiegelt sich, daß die volle Emanzipation des Bürgertums nicht gelang oder erst zu einem Zeitpunkt, da die bürgerliche Gesellschaft nicht länger der Menschheit sich gleichsetzen konnte. (...) Kultur wurde selbstgenügsam, schließlich in der Sprache der ausgelaugten Philosophie zum »Wert«. (...) Zugleich aber ist in solcher Vergeistigung von Kultur deren Ohnmacht virtuell bereits bestätigt, das reale Leben der Menschen blind bestehenden, blind sich bewegenden Verhältnissen überantwortet. Dagegen ist Kultur nicht indifferent. Wenn Max Frisch bemerkte, daß Menschen, die zuweilen mit Passion und Verständnis an den sogenannten Kulturgütern partizipierten, unangefochten der Mordpraxis des Nationalsozialismus sich verschreiben konnten, so ist das nicht nur ein Index fortschreitend gespaltenen Bewußtseins, sondern straff objektiv den Gehalt jener Kulturgüter, Humanität und alles, was ihr innewohnt, Lügen, wofern sie nichts sind als Kulturgüter. Ihr eigener Sinn kann nicht getrennt werden von der Einrichtung der menschlichen Dinge. Bildung, welche davon absieht, sich selbst setzt und verabsolutiert, ist schon Halbbildung geworden."*
> (ebd., S. 67)

Hier gilt es nun herauszuarbeiten wie Bildung im Sinne Adornos zur Halbbildung wurde. Hauptgrund ist die kapitalistische Wirtschaftsform die Bildung unter einen nicht zu durchbrechenden Verwertungszwang stellt. Geistige Inhalte transformieren sich zu Konsumgütern und werden Opfer gesellschaftlicher Nützlichkeit. In der Konkurrenz reduziert sich Bildung in ihrer sozialen Funktion auf gesellschaftliche Adaption. Wissen zu generieren wird zum Wettbewerb der Allgemeinheit. Unter dem Gesichtspunkt der Zweckrationalität wird Bildung zum Mittel gesellschaftlichen Statusgewinns. Der Status wird durch Bildung in einer Form von Kapital generiert. Kein geringerer als Pierre Bordieu hat Bildung als kulturelles Kapital bezeichnet und genau so ist dieser Begriff im Sinne Adornos unter dem Gesichtspunkt der Halbbildung auch zu verstehen. Als Kapital, das zur Integration in die Gesellschaft dient und sozioökonomische Verwertbarkeit verspricht. Bildungsinstitutionen sind dabei Haupteinrichtungen der Halbbildung, weil sie sich genau nach dieser wirtschaftlichen Verwertbarkeit richten. Wissen wird auf entfremdete und verkürzte Weise eingetrichtert um es irgendwann in verdinglichter Form gebrauchen zu können. Soziale oder emotionale Kompetenzen sind in den Kategorien der instrumentellen Bildung nicht von Bedeutung. Zweckfreies Wissen gilt in diesem Zusammenhang als sinnlos. Wissen wird in der spätkapitalistischen Gesellschaft konsumiert.

An Adornos Theorie der Halbbildung knüpft Marcuses Begriff des eindimensionalen Denkens an. Im Unterschied zu ersterer legt sie ihr Augenmerk aber vorwiegend auf den Konsum und die durch die Wissenschaft und den Kapitalismus hervorgerufene Abstraktion. Denken wird dreierlei verkürzt und muss deshalb auch von der Pädagogik analysiert werden. Die Reduktion des Denkens durch Konsum zeigt sich infolge der „repressiven Entsublimierung" der Bedürfnisse. Triebe werden erzeugt oder in Bahnen geleitet. Dabei wird auch die Art der Konsumtion vorherbestimmt, in dem sie standarisiert und quantifizierbar gemacht wird. Sie bekommt durch Werbung und warenästhetischer Vermittlung den Charakter der Unterhaltung. Kultur wird entsprechend der Kulturindustrie auf reines Vergnügen reduziert. Hier wird besonders das medienkritische und konsumkritische Format von Marcuses Theorie deutlich, das an den Medienwissenschaftler Neil Postmanns erinnert der hauptsächlich medial vermittelte Kultur unter den Gesichtspunkten von Unterhaltungszwecken analysiert hat und der modernen Gesellschaft attestierte das Wissen nur noch brauchbar wird wenn es in Form der Unterhaltung dargestellt wird.

Der Hauptgrund warum Konsum eindimensionales Denken fördert ist, weil er in seiner ökonomischen Verwertbarkeit sein Augenmerk besonders auf Unterhaltung legt und Bedürfnisse zu produzieren imstande ist von denen das Individuum glaubt es sind seine eigenen. Hinzu kommt der Kapitalismus, der in seiner Funktion Realität, Natur und Menschen abstrahiert und alle unter instrumentelle Gesichtspunkte stellt. Individuen sehen die Realität nur noch unter den Blickpunkten der Verwertbarkeit, jedoch nicht unter solchen der positiven Veränderung. Dasselbe passiert in der wissenschaftlichen Erforschung der Wirklichkeit, durch Zahlensysteme und Abstraktion versucht sie die Welt zu verstehen und endfremdet sich schon in Form der Analyse von der Realität. Reine Berechenbarkeit richtet die Sinne des Menschen auf das Gegebene nicht aber auf das Mögliche. Quantifizierung beraubt den Individuen der Fähigkeit sich eine andere Gesellschaft jenseits der bestehenden vorzustellen. Die Schule und mit ihr Großteils auch die Universität werden in diesem Sinne Reproduktionsstätten des eindimensionalen Denkens, weil sie bereits vorgegebenes Wissen ohne jeden Erfahrungszusammenhang als rein quantitatives, verwertbares Wissen im Blick auf die Wirklichkeit vermitteln und dieses auch generieren.

> *„So entsteht ein Muster eindimensionalen Denkens und Verhaltens, worin Ideen, Bestrebungen und Ziele, die ihrem Inhalt nach das bestehende Universum von Sprache und Handeln transzendieren, entweder abgewehrt oder zu Begriffen dieses Universum herabgesetzt werden. Der heutige Kampf gegen diese geschichtliche Alternative findet eine feste Massenbasis in der unterworfenen Bevölkerung und seine Ideologie in der strengen Orientierung von Denken und Verhalten am gegebenen Universum von Tatsachen.“* (Marcuse 2004, Bd.7, S. 32)

Die Möglichkeit auf Mündigkeit nach Ausschwitz

> *„Die Forderung, daß Auschwitz nicht noch einmal sei, ist die allererste an Erziehung. Sie geht so sehr jeglicher anderen voran, daß ich weder glaube, sie begründen zu müssen noch zu sollen. (...) Sie zu begründen hätte etwas Ungeheuerliches angesichts des Ungeheuerlichen, das sich zutrug. Daß man aber die Forderung, und was sie an Fragen aufwirft, so wenig sich bewußt macht, zeigt, daß das Ungeheuerliche nicht in die Menschen eingedrungen ist, Symptom dessen, daß die Möglichkeit der Wiederholung, was den Bewußtseins- und Unbewußtseinsstand der Menschen anlangt, fortbesteht.“* (Adorno 1971, S. 88)

Mit diesen Worten beginnt Adorno den Radiovortrag „Erziehung nach Ausschwitz“ und legt mit überzeugender Aktualität einen der wichtigsten Ansprüche für die Pädagogik dar. Diesen Appell formuliert er im Sinne Kants zu einem kategorischen Imperativ um der lautet: *„Hitler hat den Menschen im Stande ihrer Unfreiheit einen neuen kategorischen Imperativ aufgezwungen: Ihr Denken und Handeln so einzurichten, dass*

Auschwitz nicht sich wiederhole, nichts Ähnliches geschehe." (Adorno 2003 b, S. 358)

Damit hat Adorno ein Prinzip formuliert das keiner rationalen Begründung bedarf. Es zählt zu einem Geltungsanspruch an die Pädagogik, welcher immer wieder neu erarbeitet werden muss und niemals mehr aus dem gesellschaftlichen und erzieherischen Diskurs ausgegrenzt werden darf. Adorno hat mit seiner Analyse „Schuld und Abwehr" dargelegt, dass Ausschwitz sich als Wunde in den Köpfen derer reproduziert die mit der Aufarbeitung des Holocaust konfrontiert werden. Das heißt selbst in der Aufarbeitung des Holocaust ist Vorsicht geboten um nicht Gefahr zu laufen das Gegenteil von dem was man eigentlich verhindern will zu reproduzieren. Adorno analysiert im Anschluss an das Gruppenexperiment ein Abwehrverhalten in der deutschen Nachkriegsbevölkerung in der durch die ihr auferlegte Kollektivschuld an dem Nationalsozialismus eine Täter – Opfer Verkehrung stattfindet.

Es wird gegen jeden aggressiv reagiert, der die Täter versucht als solche zu entlarven, die Täter spielen sich unbewusst in die Rolle des Opfers. Der Aufarbeitung der Vergangenheit wird mit Ablehnung begegnet und soll so schnell wie möglich hinter sich gebracht werden, da diese Scham bei den Tätern verursacht. Adorno geht in seiner Argumentation sogar soweit, dass er erklärt das die Allgegenwertigkeit von Ausschwitz und dem Holocaust das Weiterleben des Antisemitismus in der Gesellschaft noch verstärkt, da durch die Aufarbeitung ein Ballast auf die Bevölkerung wirkt der über Generationen andauert.

> *„Gesten der Verteidigung dort, wo man nicht angegriffen ist; heftige Affekte an Stellen, die sie real kaum rechtfertigen; Mangel an Affekt gegenüber dem Ernstesten; nicht selten auch einfach Verdrängung des Gewußten oder halb Gewußten (...) die furchtbare reale Vergangenheit wird verharmlost zur bloßen Einbildung jener, die sich davon betroffen fühlen.*" (Adorno 1971, S. 13f)

Eine solche Abwehr von Schuld nimmt nach Adorno solche Dynamiken an, dass sogar Ausschwitz geleugnet, die Ermordung von Millionen Menschen verharmlost oder Dresden mit Ausschwitz aufgewogen wird. Die Juden werden gehasst, weil die ehemalige Existenz von Ausschwitz moralische Ansprüche an die gesamte Gesellschaft stellt.

Die Selbstkritik in Adornos Konzept wird hier ersichtlich, er erwähnt zusätzlich zu seinen Anforderungen auch deren Kritikpunkte um eine dogmatische Umsetzung zu verhindern. Nichtsdestotrotz hält Adorno an dem Konzept der Aufarbeitung der Vergangenheit fest und sieht besonders in der Tendenz unter Aufarbeitung das Schlussstrich ziehen und das darauf folgende Vergessen zu verstehen, die Gefahr eine erneutes Abrutschen der Gesellschaft in die Barbarei nicht verhindern zu können. Nach Adorno hat sich Ausschwitz in die Geschichte des Menschen gebrannt und hat sich somit als fortwährendes Prinzip unserer Zivilisation vergegenwärtigt.

> *„Barbarei besteht fort, solange die Bedingungen, die jenen Rückfall zeitigten, wesentlich fortdauern. Das ist das ganze Grauen. Der gesellschaftliche Druck lastet weiter, trotz aller Unsichtbarkeit der Not heute. Er treibt die Menschen zu dem Unsäglichen, das in Auschwitz nach weltgeschichtlichem Maß kulminierte."* (ebd., S. 88)

Die Potentialität unserer Gesellschaft immer wieder in Barbarei zu verfallen, hat einen nicht enden Anspruch an die Menschheit und mit ihr an die Pädagogik gestellt. Die Barbarei reproduziert sich dabei durch die Dialektik der Aufklärung in unserer Gesellschaftsstruktur sowie in der Familie.

> *„In der Familie werden Verdrängungen weitergegeben, Tabus tradiert, und damit entsteht Komplizenschaft. Eine Komplizenschaft, die ein diffuses Schuldgefühl hinterläßt, das aber von eigener Schuld nichts weiß. Hier wird das Band zwischen den Generationen geknüpft, das die Nachkommen in die Geschichte einbindet (...)."* (Rommelspacher 1995, S. 12.)

Für Adorno gibt es nichts bedrohlicheres, als das Weiterleben des Faschismus in der Demokratie. Sein Denken richtet sich gegen Verhältnisse die sich demokratisch geben, das Weiterleben des Faschismus in Organisationen und Machtpositionen jedoch begünstigen. Demokratie muss vielmehr als gelebte Praxis verstanden werden die solchen Formen entgegenwirken kann. Die eigene Unreife für das demokratische System darf niemals als Ausrede verwendet werden um faschistische Ideologien zu begünstigen. So wurde die Rückfälligkeit der Deutschen in den Faschismus einst damit begründet, dass sie sich selbst *„nicht reif für die Demokratie“* (Adorno 1971, S. 15) sahen. *„Aus der eigenen Unreife“* wurde *„Ideologie“* (ebd. S. 15) gerechtfertigt. Auch das Wirtschaftswunder in der Nachkriegszeit kann das Weiterleben des Faschismus nicht überdecken, sondern der Faschismus wird nur auf Zeiten verlagert an denen es wieder einen Schuldigen braucht, weil der Wohlstand im wanken liegt.

Eine Gesellschaft die aber eine bewusste Aufarbeitung ermöglichen soll und zusätzlich der Zivilisation die Tendenz nimmt wieder in Barbarei zu verfallen braucht mündige Menschen. Eine Pädagogik, die solche Maßnahmen stütz muss sich von dem Vorwand wissenschaftlicher Objektivität verabschieden und sich auf die Wendung aufs Subjekts konzentrieren, indem sie die Verstärkung des Selbst und des Selbstbewusstsein fördert und durch Aufklärung den Subjekten die Mechanismen die in ihnen Wirken bewusst macht. Das heißt Antisemitismus als gesellschaftliches Phänomen zu untersuchen indem die Juden als Feinde verstanden werden die beliebig austauschbar sind und auf die lediglich Schuld projiziert wurde. Es gilt zu analysieren woraus sich die Wut speist, die sich gegen gesellschaftlich Schwache richtet. Hier wird besonders die kapitalistische Ökonomie Feind der Aufklärung, die in ihrer Logik Tendenzen enthält die Unmündigkeit fördern (vgl. Adorno 1971).

> *„Man muß die Mechanismen erkennen, die die Menschen so machen, daß sie solcher Taten fähig werden, muß ihnen selbst diese Mechanismen aufzeigen und zu verhindern trachten, daß sie abermals so werden, indem man ein allgemeines Bewußtsein solcher Mechanismen erweckt. Nicht die Ermordeten sind schuldig. Schuldig sind allein die, welche besinnungslos ihren Haß und ihre Angriffswut an ihnen ausgelassen haben. Solcher Besinnungslosigkeit ist entgegenzuarbeiten, die Menschen sind davon abzubringen, ohne Reflexion auf sich selbst nach außen zu schlagen.“* (Adorno 1971, S. 90)

Nun gilt jedoch zu rekonstruieren was Adorno überhaupt unter Mündigkeit versteht und wie diese zu konstituieren ist damit sie ihre gesellschaftliche Wirkung entfalten kann.

> *„Aufklärung ist der Ausgang des Menschen aus seiner selbst verschuldeten Unmündigkeit. Unmündigkeit ist das Unvermögen, sich seines Verstandes ohne Leitung eines anderen zu bedienen. Selbstverschuldet ist diese Unmündigkeit, wenn die Ursache derselben nicht am Mangel des Verstandes, sondern der Entschließung und des Mutes liegt, sich seiner ohne Leitung eines anderen zu bedienen. ‚Sapere aude! Habe Mut, dich deines eigenen Verstandes zu bedienen!“* (Kant 2004, S. 5)

Adorno konstatiert das Kants Aufklärungsbegriff und seine Definition von Mündigkeit nichts an seiner Aktualität eingebüßt hat, er sich eine wirklich aufklärte Demokratie ohne Mündigkeit gar nicht vorstellen kann. Genau die sieht er aber in unserer Gesellschaft noch nicht verwirklicht, vielmehr ist es die Gesellschaft, die Mündigkeit an ihrer Entfaltung und die Ausbildung eines starken Ichs verhindert. Mündigkeit muss sich dabei auf zweifacher Weise behaupten, erstens direkt als Anforderung an die gesamte Gesellschaft und zweitens als Prinzip der Erziehung selbst. Als Mündigkeit kann man im kantschen Sinne auch von Autonomie sprechen die sich als *„Kraft zur Reflexion, zur Selbstbestimmung“* und *„zum Nicht-Mitmachen“* (Adorno 1971, S. 93) äußert. Hierzu gehört auch Volksrieten aus der gesellschaftlichen Praxis zu verbannen die physischen Schmerzen verursachen nur um sich dem Kollektiven unterzuordnen (vgl. Adorno 1971). Besonders Anforderungen die psychischen Druck und psychische Schmerzen zur Unterordnung unter das Kollektiv hervorrufen müssen von der Pädagogik ausfindig gemacht und entgegen gewirkt werden.

Erziehung produziert nach Adorno in Kindern und Jugendlichen einen sogenannten Pseudorealismus. Dieser Realismus formiert sich in der frühen Kindheit und zieht sich durch die Erziehungseinrichtungen wie Kindergarten, Schule und Universität. Pseudorealismus ist die widerspruchslose und schmerzhafte Anpassung an die unveränderbare Realität die Mündigkeit viel eher verhindert als produziert. Sie führt zur Verarmung des Bilderschatzes, der Verkümmerung der Imagination und der Sprache. Adorno sieht die Möglichkeit zur Mündigkeit nur gegeben wenn genau diese Strukturen in Bildungseinrichtungen kritisiert werden und sich verändern. Ziel sollte es vielmehr sein Kinder zum Widerspruch von Anpassungsstrukturen zu erziehen als zum allgegenwärtigen Konformismus. Erziehung soll sich wieder rückbesinnen auf

Kreativität, die in gegenwärtigen Erziehungsstrukturen mehr verdrängt als gefördert wird (vgl. Adorno 1971).

> *„Menschen, die blind in Kollektive sich einordnen, machen sich selber schon zu etwas wie Material, löschen sich als selbstbestimmte Wesen aus. Dazu passt die Bereitschaft, andere als amorphe Masse zu behandeln... Eine Demokratie, die nicht nur funktionieren, sondern ihrem Begriff gemäß arbeiten soll, verlangt mündige Menschen. Man kann sich verwirklichte Demokratie nur als Gesellschaft von Mündigen vorstellen...Die Konkretisierung der Mündigkeit besteht darin, dass die paar Menschen, die dazu gesonnen sind, mit aller Energie darauf hinwirken, dass die Erziehung eine Erziehung zum Widerspruch und zum Widerstand ist.“* (Adorno 1971, Buchrücken)

Nicht zu trennen von Adornos Entwurf von Mündigkeit ist sein Verständnis des Autoritären Charakters den er in den „Studien zum autoritären Charakter“ entwickelt hat. Eine enorme Gefahr geht dabei vom „manipulativen Typus“ aus den Adorno als Paradebeispiel verdinglichten Bewusstseins beschreibt.

> *„Erst haben die Menschen, die so geartet sind, sich selber gewissermaßen den Dingen gleichgemacht. Dann machen sie, wenn es ihnen möglich ist, die anderen den Dingen gleich. Der Ausdruck „fertigmachen“, ebenso populär in der Welt jugendlicher Rowdies wie in der der Nazis, drückt das sehr genau aus. Menschen definiert dieser Ausdruck „fertigmachen“ als im doppelten Sinn zugerichtete Dinge. Die Folter ist nach der Einsicht von Max Horkheimer die in Regie genommene und gewissermaßen beschleunigte Anpassung des Menschen an die Kollektive.“* (Adorno 1971, S. 98)

Es gilt hauptsächlich solchen gesellschaftlichen Typen entgegenzuarbeiten, deren Grundlegung schon in der frühen Kindheit beginnt.

Adorno sieht Scheinmündigkeit überall dort wo die Ablösung von den Eltern (Vater) verkümmert und zu einer reinen Übernahme der Charakterstrukturen der Autorität und deren Ich-Ideale fungiert. Mündigkeit steht in einer dialektischen Spannung zur Autorität, die sich durch das Ablösen von den Ich Idealen der Eltern (besonders des Vaters) entfalten kann. Mündigkeit zeigt sich in einem sogenannten Ablöseprozess in dem sie sich durch die Übernahme und die nachher erfolgende Überwindung von Autorität und die kritische Auseinandersetzung mit den Ichidealen entwickelt (vgl. Adorno 1971). Ein mündiges, selbstbewusstes Individuum, das sich durch *„unbeirrbares und insistentes Denken"* (ebd., S. 133) auszeichnet Besitz den Mut autonome politische Entscheidungen zu fällen (vgl. Böhnisch /Schröer 2007, S. 183). Um eine genauere Orientierung zu ermöglichen gilt es die nicht faschistischen Idealtypen die er in den „Studien über den autoritären Charakter" analysiert hat, aufzulisten, um zu versuchen ein Bild von Persönlichkeitstypen zu skizzieren die einer mündigen Person nach Adorno am nächsten kommen.

Vorurteilsfreie Idealtypen in den Studien zum autoritären Charakter als Anforderungen pädagogischer Orientierung

Adorno konstatiert in Bezug auf die „Studien zum autoritären Charakter", dass besonders solche Menschen zur Mündigkeit fähig sind welche in ihrer Kindheit „brav" waren. Diese wären später viel eher in der Lage sich vom Vater zu distanzieren, sich zu autonomen Individuen zu entwickeln und gegen missbilligende Situationen zu opponieren. Der Rebell oder der Psychopath der gegen alles rebelliert und in Form von blinder Rebellionswut sich gegen alles auflehnt zählt nach Adorno zu einem autoritäreren Charaktertypus und nicht zu einem emanzipierten.

> *„Die Art, in der man – psychologisch gesprochen – zu einem autonomen, also mündigen Menschen wird, ist nicht einfach das Aufmucken gegen jede Art von Autorität. Empirische Untersuchungen in Amerika, wie sie meine verstorbene Kollegin Else Frenkel-Brunswik durchgeführt hat, haben gerade das Gegenteil gezeigt, nämlich daß sogenannte brave Kinder als Erwachsene eher zu autonomen und opponierenden Menschen geworden sind als refraktäre Kinder, die dann als Erwachsene sofort mit ihren Lehrern am Biertisch sich versammelt und die gleichen Reden geschwungen haben."* (ebd., S. 139f)

In diesem Bezug ist es nun besonders wichtig die vorurteilsfreien Idealtypen zu skizzieren die Adorno in seiner Studie untersucht hat, um genauer erklären zu können was er unter Mündigkeit versteht und um einen gewissen Orientierungsrahmen für die Pädagogik zu schaffen. Es ist zu erwähnen, dass sich Adorno in seiner Untersuchung vom am wenigsten autonomen Typ zum autonomsten Typ durcharbeitet. Das heißt hier wird dessen Reihenfolge übernommen und der zu Letzt aufgelistete Typ ist in unserem Sinne der interessanteste, da er einem mündigen Individuum am nächsten kommt. Des Weiteren sind in den autoritären Charaktertypen oft Gegenpositionen zu den vorurteilsfreien Charakteren zu finden. Adorno erwähnt in seiner Untersuchung, dass beim genuinen Liberalen das Gleichgewicht von Es, Ich und Über-ich im freudschen Sinne am Idealsten ist. Sich also Adornos und Freuds Verständnis von Mündigkeit überschneiden. Deshalb wird auch nachher dem genuinen Liberalen am meisten Platz eingeräumt und das Freudsche Ideal erzieherischer Praxis kurz dargestellt. Hier ist noch zu erwähnen das der „protestierende" und der „ungezwungene" Vorurteilsfreie Typus besonders oft in der Studie zum vorkamen.

1.) Der „starre" Vorurteilsfreie: Kann als gegen Typ zum Oberflächenressentiment betrachtet werden (vgl. Adorno 1995., S. 340).

> *„Vertreter dieses Syndroms sind zum Beispiel oft unter jungen, „fortschrittlichen" Leuten, insbesondere Studenten zu finden, deren persönliche Entwicklung mit den übernommenen Ideologien nicht Schritt gehalten hat. Am besten lässt sich dieses Syndrom an der Neigung erkennen, den Standpunkt in Minderheitenfragen von allgemeinen Formeln abzuleiten, anstatt ihnen spontan zu äußern. Oft werden auch Werturteile vorgebracht, die unmöglich auf wirklicher Kenntnis des Tatbestands basieren können."* (ebd., S. 341)

In Krisensituationen laufen Personen mit einer solchen Charakterstruktur Gefahr für einen Frontwechsel anfällig zu werden, wie es im Nationalsozialismus bei vielen der Fall war. Die Vorurteilslosigkeit der Charakterstruktur ist zufällig und könnte ebenso eine Vorurteilsvolle sein (vgl. ebd., S.341).

2.) Der „protestierende" Vorurteilsfreie: Ist teilweise das Gegenstück des autoritären Syndroms. Die charakterliche Eigenart definiert sich aus einer spezifischen Lösung des Ödipuskomplexes.

> *„Sie wiedersetzen sich der väterlichen Autorität und haben doch zugleich das Vaterbild weitgehend verinnerlicht. Man kann sagen, das Über-Ich ist bei ihnen so stark, daß es sich gegen sein eigenes ‚Vorbild', den Vater und gegen alle äußere Autorität wendet. Sie werden ganz von ihrem Gewissen gelenkt, das in vielen Fällen eine Säkularisation religiöser Autorität zu sein scheint, das jedoch völlig autonom und unabhängig von äußeren Gesetzen ist. Sie „protestieren" aus rein moralischen Gründen gegen soziale Unterdrückung oder zumindest gegen einige ihrer extremen Manifestationen wie das Rassenvorurteil."* (ebd., S. 343).

Der „protestierende" Vorurteilsfreie ist von einem starken Gewissen geleitet, dass sich durch Angst und Gerechtigkeitsinn gegenüber sozialen Fragen auszeichnet. Sie stehen durch Angstgefühle der potentiellen Gefahr des Faschismus bewusster gegenüber als andere Charaktertypen (vgl. ebd., S. 346).

3.) Der „impulsive" Vorurteilsfeie: Ist in mancher Hinsicht der Gegentyp des Rebellen und Psychopathen Syndroms. Eine weibliche Probandin war der bemerkenswerteste Fall des impulsiven Syndroms, sie

> *„zeigte in höchstem Grade eine Struktur, die sich von der unterschied, die wir als die typischste für die Vorurteilsfreien ansehen. Das Mädchen war deutlich triebbesessen. Ihr Ich war eng verbunden mit ihrem Es, so daß Exzesse aller Art ihr erlaubt schienen. Ihre Vorliebe für die Juden begründet sie mit fast denselben Argumenten, wie sie (…) für ihren Haß anführte. (…) Ich und Über-Ich scheinen beide geschwächt und diese Personen in politischen Fragen und auch in anderen Bereichen etwas labil zu machen. Sicherlich denken sie nicht in stereotypen Begriffen, doch ist zweifelhaft, wieweit sie zur Begriffsbildung überhaupt fähig sind."* (ebd., S. 347f)

4.) Der ungezwungene Vorurteilsfreie: Dieser Typus kann als ähnliches Gegenstück zum manipulativen Typus angesehen werden. Ein

Mensch mit solchen Charakterstrukturen hat den Hang *„Dingen ihren freien Lauf zu lassen"* (ebd., S. 350) gepaart mit dem Unwillen der Natur und seinen Mitmenschen Gewalt an zu tun, welcher fast mit Konformität gleichzusetzen ist (vgl. ebd., S. 350). Die ungezwungen Vorurteilsfreien kennzeichnet

> *„ein extremer Widerwille, Entscheidungen zu treffen, den viele Versuchspersonen selbst unterstreichen. Dieses Wiederstreben beeinträchtigt sogar ihre Sprache: die „Ungezwungenen" sind an den häufig nicht zu Ende gesprochenen Sätzen zu erkennen (…). Sie zeigen einen gewissen inneren Reichtum, das Gegenteil von Zwang, die Fähigkeit zu genießen, Phantasie und Sinn für Humor, der manchmal zur Selbstironie wird. (…) Sie sind absolut frei von Stereotypie. Die Versuchspersonen, bei denen es hervortritt, sind weder durch das Übergewicht einer psychologischen Instanz zu definieren, noch durch Regression auf eine besondere infantile Phase, obwohl sie, oberflächlich betrachtet, etwas Kindliches an sich haben. Sie müssen vielmehr aus ihrer Dynamik, als Menschen verstanden werden, deren Charakterstruktur nicht „erstarrt" ist; keine der Kontrollinstanzen aus Freuds Typologie hat bei ihnen feste Form angenommen, sie sind für jede Erfahrung vollkommen offen."* (ebd., S. 350)

5.) Der genuine Liberale: Ist offen in Reaktionen und Ansichten. Er besitzt einen starken Sinn für Unabhängigkeit und Autonomie. Er verbindet viele Eigenschaften der zuvor aufgezählten vorurteilsfreien Charaktertypen. Genuine Liberale mögen es nicht wenn sich in ihre Überzeugungen eingemischt wird, ebenso mischen sie sich nicht bei anderen ein.

> *„Ihr Ich ist gut entwickelt aber nicht libidinös besetzt – sie sind selten „narzißtisch". Nichtsdestoweniger zögern sie nicht, Es-Tendenzen zuzugeben und daraus Konsequenzen zu ziehen (…). Ein hervorstechendes Merkmal ist Zivilcourage, die oft alle rationalen Bedenken hinter sich läßt. Sie können nicht „schweigen" wenn Unrecht geschieht, auch wenn sie das ernsthaft in Gefahr bringt. So wie sie selbst ausgeprägte Individualisten sind, sehen sie auch die anderen als Individuen und nicht als Vertreter einer Gattung. (…) Wie der „impulsive" ist er kaum gehemmt, ja, er*

hat sogar Schwierigkeiten sich unter Kontrolle zu halten. Doch ist seine Gefühlsbetontheit nicht blind, sondern auf den anderen als Subjekt gerichtet. Seine Liebe ist auch Mitgefühl, nicht nur Verlangen, so daß man ihn fast den „mitfühlenden" (...) nennen könnte. Wie der Protestierende" identifiziert er sich energisch mit den Benachteiligten, doch ohne Zeichen von Zwang und Überkompensierung; er ist kein Philosemit. Wie der „Ungezwungene" ist er antitotalitär, doch viel bewußter und ohne dessen Zögern und Unentschlossenheit. Es ist eher diese Konstellation als ein einzelner Zug, die den „genuinen" Liberalen kennzeichnet." (ebd., S. 354)

Der genuine liberale Typus ist also autonom und unabhängig, verbindet Liebe mit Mitgefühl und ist gefühlsbetont. In seinem Mitgefühl identifiziert er sich mit benachteiligten und ist ein entschlossener Antitotalitärer. Er verbindet das Beste aus allen vorhergehenden Charaktertypen und begreift sich und andere als Individuen. Adorno sieht solche Personen als mündige Menschen an die zu rationalen Entscheidungen fähig sind, aber andererseits deren Gefühlsbetontheit nicht blockiert ist. Solche Individuen sind selbstbezogen aber nicht selbstverliebt und können die Grenzen anderer Anerkennen. Ich, Es und Über-Ich befinden sich im Gleichgewicht. Wichtig für die pädagogische Praxis ist es zu verstehen wie ein solcher Charakter sich formiert und welche gesellschaftlichen und erzieherischen Begebenheiten eine solche Charakterentwicklung unterstützen.
Hierzu kann man zwei Indizien folgen, ersteres ist die Beschreibung der Familiensituation einer Probandin die einen liberalen Charaktertypus besitzt. Sie gilt als einziges Beispiel das Adorno für die Entwicklung eines mündigen Individuums in den „Studien zum Autoritären Charakter" anfügt. Letzteres Indiz ist die psychoanalytische pädagogische Idealsituation in der ein Individuum reifen kann. Da Adorno eine mündige Persönlichkeit im Anschluss an Freud entwirft gilt es dessen Verständnis einer Idealen Entwicklung der psychischen Instanzen nachzuzeichnen.

Pädagogik unter den Gesichtspunkten Freuds versteht sich als ein phasensensibler Umgang mit Kindern und Jugendlichen. Jede Phase hat eine eigene nicht zu unterschätzende Bedeutung für das Kind. Sie beginnt mit dem frühen Kindesalter. Von einer nicht zu missachtenden

Wichtigkeit ist das psychodynamische Model Freuds, welches betont, dass sich Fehler in der Entwicklung des Kindes viel tiefer in die Charakterstruktur einprägen als Erfahrungen im Erwachsenenalter. Deshalb kommt die Phase der Kindheit und mit ihr die Jugend unter Freud wieder zu einer unverkennbaren Wichtigkeit. Aufgabe der psychoanalytischen Pädagogik ist es in jeder Altersstufe einen Mittelweg zwischen den Extremen zu finden, d.h. die richtige Mischung von Triebbefriedigung und Triebeinschränkung durch erzieherisches Handeln zu gewährleisten (vgl. Freud A. 2011, S. 70). Dabei wird eine zu strenge Erziehung, die zu einer Überbetonung des Über-Ichs in der Charakterstruktur führt gleichermaßen abgelehnt wie eine vernachlässigende Erziehung die zu einer Unfähigkeit führt Triebe zu unterdrücken. Hier ist der historische, Familien und Milieu spezifische Kontext von großer Bedeutung.

Die Psychoanalyse entwickelte sich in ihrer pädagogischen Ausrichtung immer mehr zu einer Bindungstheorie, in der besonders die Objektbeziehung als frühe Mutter /Kind Beziehung an Wichtigkeit gewann. Besonders solche Menschen die in ihrer Kindheit sicher gebunden waren, haben in ihrem späteren Leben weniger große Probleme sich zu Recht zu finden als solche die vermeidend, ambivalent und desorganisiert gebunden sind. Hierzu kommt der Entwurf von Erik Erikson der sozialpsychologische Phasen in Anlehnung an Freud entwickelte, die ein Individuum im sozialen Spannungsverhältnis überstehen muss. Dessen Entwurf des Grundvertrauens ist immer noch maßgebend, da es davon ausgeht, dass Kinder ihren Eltern nur vertrauen können wenn ihnen durch Fütterung und Fürsorge ein gewisses Gefühl von aufgehoben sein und Geborgenheit gegeben wird. Es gilt eine Beziehung aufzubauen in der der Säugling versteht, dass er sich auf die Eltern bzw. die Mutter verlassen kann. Durch die Vernachlässigung der primären Bedürfnisse wie Nähe, Sicherheit, Geborgenheit, Wärme und Nahrung entwickelt der Säugling ein Grundmisstrauen gegenüber der Welt, welches darauf aufbauende Entwicklungsanforderungen erschwert. Ein solches Kind wirkt in seiner weiteren Entwicklung passiv und fühlt sich der Welt ausgeliefert, es wird von einem starken Gefühl der Unsicherheit beherrscht und steht sozialen Entwicklungen hilflos gegenüber (vgl. Erikson 2016). Die Bindung zu den Eltern (Erziehern/Innen) die sich in Gefühlen wie Liebe und Fürsorge ausdrücken und die dazugehörige Freiheit zur Selbstentfaltung sind für die Erziehung deshalb unabdingbare Prinzipien. Man kann nun in Weiterentwicklung von Freud sagen, das Autonomie gepaart mit Zuwendung im Verhalten der Eltern (Erzieher/In) die Entwicklung eines mündigen Individuums fördern.

Auch Adorno scheint im Wesentlichen mit diesen Überlegungen übereinzustimmen, da dies auch die Familienstruktur des genuinen Liberalen bestätigt. Darum lohnt es sich nun auch einen besonderen Blick auf die Begebenheit der Familie und der Rolle des genuinen Liberalen Charaktertyps einer Probandin der Studie zu werfen.

Die Probandin nimmt in Minderheitenfragen ihren gegenüber als Individuum war.

> „*Es sollte keine Minderheiten geben; es sollte nur Individuen geben, und sie sollten als Individuum beurteilt werden. (...) Jeder einzelne hat seine Liebesangelegenheiten, seine Sorgen und Freuden. Ich bin nicht der Ansicht, daß man sie alle töten oder ausrotten oder absondern sollte, bloß, weil sie anders sind*". (Adorno 1995, S. 355)

> „*Vater war 25 Jahre in der Fracht-Reklamationsabteilung von R.R.Co. beschäftigt. Zu seinen Aufgaben gehört es auch, viele Leute einzustellen. Er hat ungefähr 150 Angestellte unter sich*". (ebd., S. 356)

> „*Er hätte schon Vizepräsident sein können – den Verstand hat er – aber er hat nicht die Natur, sich durchzusetzen. Er hat nicht genug vom Politiker Er ist großzügig, hört sich immer zuerst beide Seiten an, bevor er sich ein Urteil bildet. Deshalb kann er gut argumentiere. Er hat Verständnis. Er läßt sich nicht von seinen Gefühlen bestimmen wie meine Mutter. Mutter handelt nach ihrem Gefühl, Vater ist sachlich. Mutter ist gut. Sie ist eine Persönlichkeit. Sie gibt uns etwas, uns allen. Sie hat Gefühl. Sie sorgt immer dafür, daß Vater zufrieden ist. (...) Sie bereitet ihm ein wirkliches Zuhause, wenn er heimkommt – er muß hart arbeiten im Büro. Ihre Ehe ist sehr glücklich – jeder merkt es. Mit den Kindern funktioniert es auch – die Leute bemerken sie! Mutter ist freundlich. Verständnisvoll. Sie nimmt Anteil. Man unterhält sich gern mit ihr. Jemand ruft sie an am Telefon, und es wird eine Freundschaft fürs Leben daraus, bloß durch daß Telefongespräch. Sie ist sensibel; man kann sie leicht verletzen.*" (ebd., S. 356)

Den Grund dafür, dass die Probandin einen solchen Charaktertyp aufweist sehen die Interviewer vor allem in der Familienstruktur.

> *„Die einflussreichsten Faktoren, welche die niedrigen Punktewerte in diesem Fall bewirken, sind die Aufgeschlossenheit der Eltern und die große Liebe, die die Mutter der Befragten allen Kindern entgegenbringt. (...) Wenn diese Festellung generalisiert werden darf (...), dürfen wir die Behauptung aufstellen, daß die wachsende Bedeutung des faschistischen Charakters weitgehend durch die grundlegenden Veränderungen der Familie bedingt ist.“* (ebd., S. 357).

Daraus ist zu schließen, dass auch die besondere Beziehung zwischen den Eltern und deren Beziehung zu den Kindern für ein mündiges Individuum von großer Bedeutung ist. Die Familienkonstellation von Adornos mündigem Individuum zeichnet sich also durch ein liebevolles und aufgeschlossenes Verhalten der Eltern aus und einem Individuum das Freiheit zur Selbstgestaltung erhält, dennoch stehen ihm gleichzeitig in Krisenzeiten schützende Eltern zur Seite. Nicht zu unterschätzen ist jedoch die von Adorno immer wieder betonte Rolle der kapitalistischen Gesellschaft, die die Mündigwerdung von Individuen verhindert, weil sie deren Bedürfnisse und Denken in Schablonen presst. Adornos Kultur- und Kapitalismuskritik darf in der Frage von Mündigkeit niemals außer Acht gelassen werden, ansonsten gerät sie in Gefahr zu einem reinen Reduktionismus zu verkommen, der in seiner Theorie gesellschaftliche Prozesse nur noch einseitig wahrnehmen kann. Dem Gesellschaftscharakter kommt in diesem Sinne eine besondere Wichtigkeit zu, da er als Schnittstelle gesellschaftlicher Prägung ökonomische und kulturelle Werte auf das Individuum überträgt.

Mündigkeit als Form diskursiver Praxis

Habermas antwortet Adorno mit dem Konzept des kommunikativen Handelns als eigenem Anspruch des Menschen auf Mündigkeit. Mit seiner Diskursethik hat er Leitlinien formuliert wie Individuen durch das Gespräch mündig werden können. Ausgangspunkt war es wie schon gezeigt technischer Rationalität in Form positiver Wissenschaft, ökonomischer Marktlogik und machtpolitischen Fragestellungen durch Diskurse entgegenzuwirken. Adorno hat in den vorhergehenden Texten die Erziehung zur Mündigkeit auf zwei Wirkungsebenen entfaltet. Erste ist der gesamtgesellschaftliche Lernprozess, der sich der Herausforderung der Mündigkeit stellen muss, zweite ist die konkrete erzieherische Situation. Die Diskurstheorie von Habermas kann auf beiden Ebenen aufgegriffen werden.

Gesellschaftlich und politisch hat Habermas das kommunikative Handeln in seinem Werken „Strukturwandel der Öffentlichkeit" und „Faktizität und Geltung" dargestellt. Darin entwirft er Mündigkeit als lebendige Teilnahme an der Demokratie. Individuen sollen durch den herrschaftsfreien Diskurs die bestehende Ordnung infrage stellen. Sie sozusagen durch diskursethische Prinzipien und Gesetze auf ihre Geltung hin überprüfen und bei nicht Übereinstimmung Veränderungsvorschläge einbringen. So ist an einer mündigen Gesellschaft der Anspruch gelegt die repräsentativen Entscheidungsträger in Zweifel zu ziehen und ihnen bei Konvergenz von systemischen und lebensweltlichen Fragestellungen Diskursiv Einhalt zu gebieten. Besonders die Ausdifferenzierung von Systemen in denen sie sich von den Interessen der Lebenswelt abkoppeln ist durch kommunikativem Handeln entgegen zu wirken. Somit erhebt Habermas den hohen Anspruch an Mündigkeit durch öffentlich wirkende Diskurse gesellschaftliche Entscheidungsträger zu überprüfen und zu hinterfragen. Faktisch bestehende Gesetze werden durch Diskurse dabei auf ihre soziale Legitimation als Geltungsanspruch hinterfragt.

Aber wie kann solch einem Vorhaben angesichts solch totaler Unmündigkeit, die durch Entfremdung in der Gesellschaft produziert wird, überhaupt entgegengewirkt werden? Wie schaffen es Menschen neben 8 Stunden entfremdender Arbeit und Entfremdung durch kulturindustrielle Ideologie noch politische Entscheidungsträger und ökonomische Organisationsformen zu hinterfragen. Dazu kommen private Interessen in denen Familie und Kinder wichtiger sind als politische Aktivitäten, nicht zu vergessen die Polarisierung zwischen den Subjekten durch Individualisierung. Wie ist in solchen Lebensverhältnissen noch die gesellschaftliche Überprüfung durch eine lebhafte Öffentlichkeit möglich?

Um diesen Fragestellungen Rechnung zu tragen, muss man die Theorie der Diskursethik auf erzieherische Prozesse anwenden. In erzieherischen Institutionen müsste die Beteiligung der Subjekte im Sinne des herrschaftsfreien Diskurses gelernt werden. Nur wenn auch die Familie und die Schule sich nach dem Prinzip der Partizipation und des Konsens organisieren, kann ein mündig werden im Sinne von Habermas möglich sein. In der Schule wäre ein solches Vorhaben revolutionär und dürfte diese als Institution selbst infrage stellen. Denn wenn sich Schüler durch kommunikative Vernunft an schulischen Entscheidungsprozessen beteiligen könnten, stellt dies deren Organisation und deren Herrschaftsgefüge in Frage. Die Schule wäre somit auch eine Institution, in der für die Demokratie gelernt wird und nicht rein für ein wirtschaftlich verwertbares Ziel. Ansonsten gleicht die Schule den Institutionen der Entfremdung, in denen man Entwicklungen und Entscheidungen hinnehmen muss und nicht daran rütteln darf. Die Schule könnte eine solche Veränderung und die damit einhergehende Abgabe ihrer alleinigen Herrschaftsmacht in ihrer gegenwärtigen Beschaffenheit niemals akzeptieren und nur in wenigen reformpädagogischen Institutionen ist dieses Prinzip bisher durchgebracht worden.

Hierin dürfte auch die Jugendarbeit eine wichtige Rolle spielen, die in ihrem sozialpädagogischen Handlungsfeld viel freier agieren kann als die Schule. Der Jugendtreff/ das Jugendzentrum gilt als Sozialisationsinstanz in der sich Jugendliche in ihre gesamte Persönlichkeit entfalten können. Dabei ist dieser /dieses ein Sozialraum in dem Jugendkultur und Jugendinteressen gelebt werden. Deshalb kann besonders in der Jugendarbeit kommunikative Vernunft erprobt und gelebt werden. Das Jugendzentrum/ den Jugendtreff betreffende Entscheidungsprozesse könnten in der Form des herrschaftsfreien Diskurses nach Habermas durchgeführt werden. Dem Jugendarbeiter/ der Jugendarbeiterin käme hierin die Funktion zu, zu überprüfen ob die Geltungsansprüche der Diskursethik, wie ich sie in Anlehnung an Habermas im theoretischen Teil dieser Arbeit dargestellt habe, eingehalten werden. Die Wichtigkeit von Konsens und die Vertretung der Interessen von Minderheiten wäre darin das A und O.

Schwieriger ist die Übertragung des herrschaftsfreien Diskurses auf sozialpädagogische Zwangskontexte. Hierin könnte die Diskursethik nur gelingen, wenn sie sich nicht auf die Änderung der Zwangskontexte selbst bezieht, sondern auf deren Struktur in abgeschwächter Form. Dabei gilt es natürlich die psychische Verfassung und die Verhaltensauffälligkeit von Individuen zu betrachten die ein solches Unterfangen unmöglich machen könnten.

Zusammenfassend kann man sagen, dass die Theorie der Mündigkeit wie sie Habermas entwirft nur verwirklicht werden kann, wenn sie bis zu den pädagogischen Institutionen durchsickert. Denn wie sollte sonst eine kritische Öffentlichkeit kultiviert werden wenn das Subjekt in seinem gesamten Werdegang durch die erzieherischen Institutionen bereits massiv gesellschaftliche Entfremdung erfahren hat und sich dann auf einmal vor die Aufgabe gestellt sieht gesellschaftliche Verantwortungsträger zu hinterfragen und auf ihre Geltung hin zu überprüfen.

Wenn pädagogische Institutionen bereits in der Entwicklung des Individuums durch kommunikative Vernunft organsiert werden, könnte es sein dass sich der Arbeitsprozess der keinen kommunikativen Handlungsspielraum für Individuen zuspricht, verändert und ökonomische sowie politische Institutionen auf ihre Partizipationsmöglichkeit hin hinterfragt werden. Hier ist die generierende Kraft der Wirtschaft nicht zu unterschätzen, die jeden und jede immer wieder neu in den Marktprozess zu integrieren versucht.

Speziell der Familie und der Schule kommt die Aufgabe zu Mündigkeit im Sinne von Habermas zu fördern und zu kultivieren. Die Schule als solche ist die einzige gesellschaftliche Erziehungsinstanz, die alle Kinder fassen kann, deshalb kommt ihr in der gesellschaftlichen Förderung von Mündigkeit ein nicht zu unterschätzender Stellenwert zu. Es ist fraglich ob sich solche Anforderungen im gegenwärtigen Schulsystem überhaupt verwirklichen lassen oder ihre Ideologie im *gesamtheitlichen* Sinne verändert werden muss. Darauf gibt besonders Negt in seiner Schulkritik eine Antwort.

Auch in der Familie könnte die Wichtigkeit einer Konsensfindung und Partizipation von Kindern an Entscheidungen helfen das Mündigwerden von Individuen zu fördern. Natürlich muss man sich den ethischen Diskurs in der Familie ein wenig anders vorstellen als in anderen Institutionen, da diese auch Städte der Reproduktion, Konstellation tiefer Bindungen, gefühlvoller Spannungen und Produktionsstätte der charakterlichen Grundstruktur ist.

Das System – Lebensweltparadigma als Kritik mangelnder Sozialintegration in Schulen

Habermas hat wie schon gezeigt sein sozialphilosophisches/soziologisches Konzept des kommunikativen Handelns in einem System -Lebensweltparadigma eingebettet. Der Hauptkontext der Lebenswelt sind Verständigungsprozesse, die sich in intersubjektiver symbolischer Reproduktion ausdrücken. (vgl. Habermas 1981,Bd. 2, S. 219). Kommunikation wird in der Lebenswelt produziert und strukturiert dabei das soziale Handeln. Lebensweltliche Reproduktion wirkt ähnlich komplex wie systemische, jedoch sind beide unterschiedliche Konstruktionen des Sozialen die zueinander funktionieren (vgl. Böhnisch 1996, S. 235). Systeme haben sich durch den Prozess moderner Rationalisierung bzw. Vergesellschaftung vom lebensweltlichen Kontext abgekoppelt und reproduzieren sich selbstreferenziell nach einer eigenen Logik der Kommunikation. Teil moderner Gesellschaften sind dabei immer beide Komponenten. Systemische Mechanismen der Kolonialisierung der Lebenswelt können durch Diskurse entgegengewirkt werden.

Hier kommt nun die Schule als soziales System zur Sprache, welches sich als selbstreferenzielles Gebilde reproduziert und nach einer eigenen Logik funktioniert. Aus der Lebenswelt stammende Menschen werden hierin Teil eines Rollengefüges um Selektion und gesellschaftliche Reproduktion in Form von Internalisierung von Normen und Qualifikationen zu ermöglichen. Die Schule gilt dabei als sekundäre Sozialisationsinstanz, die sich durch Differenzierung und Einverleibung des Subjekts in die Gesellschaft auszeichnet. Sich in der Charakterstruktur unterscheidende Individuen werden Teil der Schule, welche durch systemische Integration abstrahiert werden. Dabei fungieren Menschen als Schüler oder Lehrer und haben systemische Anforderungen zu erfüllen. Schule muss sich dabei strikt von der gesellschaftlichen Lebenswelt abgrenzen um ihre Reproduktion zu gewährleisten. Sie ist ein System das sich durch den Rationalisierungsprozess der modernen Gesellschaft entwickelt hat und Individuen über die gesellschaftliche Ordnungs- und Normenfunktion zur Integration in die Gesellschaft zwingt. Die Komponente der Selektion als zweite wichtige Funktion der Schule gerät dabei immer mehr ins Wanken, da diese nichtmehr die wichtige Sozialintegration in die Berufswelt als Ziel garantieren kann (vgl. Böhnisch 1996, S. 238 – 240). Dabei besteht die gesellschaftliche Ideologie, dass Individuen sich durch Bildung jegliche berufliche Wünsche erfüllen können weiterhin.

Nun gilt es die Missachtung der Schule als pädagogisches System gegenüber der Lebenswelt darzustellen und deren Pathologien die durch Abgrenzung von der Lebenswelt entstandenen sind in ihrer Funktion aufzuzeigen. Es wird davon ausgegangen das Schule die Lebenswelt kolonialisiert, weil sie sich der Sozialintegration der Lebenswelt verschließt (vgl. Böhnisch 1996, S. 240f). Schule reproduziert dabei ihr systemisches Eigenleben ohne Rücksicht auf die Bedürfnisse von Schülern und Lehrern und verdeckt diese in deren Rollenzuschreibungen. Schule interessiert sich in ihrer systemischen Funktion nicht für Bedürfnisse und Probleme der Schüler die außerhalb von ihr produziert werden. Sie setzt die soziale Reproduktion der Schüler in Sozialisationsinstanzen wie der Familie voraus, die zur reibungslosen Funktion der Individuen in der Schule beitragen sollen. Besonders solche Subjekte bei denen die soziale Reproduktion durch familiäre Probleme (z. B. Vernachlässigung der Kinder; Trennung der Eltern usw.) nicht sinnesgemäß gewährleistet werden kann und die Eingliederung in die Schule erschwert oder unmöglich gemacht wird, werden von der Schule als System sanktioniert. Dabei werden diese sozial vorbelasteten Schüler doppelt bestraft, einerseits gibt es Probleme zuhause andererseits gibt es Probleme in der Schule. Aber auch soziale Ungerechtigkeiten, die sich außerhalb der Schule reproduzieren werden generiert und im schulischen System verdeckt.

Ein weiterer Aspekt mangelnder Sozial Integration ist die Unmöglichkeit der Schüler ihre gesamte Persönlichkeit in die Schule zu Integrieren. Auch die Eltern werden in der Bildungseinrichtung Schule nur mangelhaft mit einbezogen und deren Funktion auf Elternabende begrenzt, die ebenfalls in Systeminternen Räumlichkeiten stattfinden. Die Schule bevorzugt in ihrer Funktion vorgefertigte Formen von bestimmtem Wissen, Methoden, Lernerfahrungen, Inhalte und Verhaltensweisen (vgl. Graf 1988). Dabei werden Lernsituationen in rationalisierte und durch Pläne vorgegebene Formen eingepresst und die Mitbestimmung der Individuen strukturell negiert.

Als Lernort gilt der vom sozialen Lebenszusammenhang abgegrenzte Schulraum. Dabei wird der Unterricht meistens im Sitzen abgehalten und führt zu massiver Bedürfnis und Triebunterdrückung. Selbst essen, trinken und der Gang zur Toilette werden auf Zwischenpausen verlagert und das Aufstehen wird nur in gewissen Situationen eingefordert.

Dabei präsentiert die Schule vorgefertigte Resultate des Wissens, die von ihrem Entstehungszusammenhang abgeschnitten sind. Dem Wirklichkeitssinn fehlt die Sinnlichkeit des Menschen die sich in Hoffnungen, Träume und Enttäuschungen im Hinblick auf Lernen ausdrückt (vgl. Rumpf 1987). Hierzu gehört auch der im Individuum entspringende Wunsch nach Phantasie und Erfahrungsräume die durch Rationalisierung konsequent ausgegrenzt werden. Durch das System – Lebensweltparadigma werden Mehrfach perspektiven der Schulkritik aufgeschlossen, die besonders in Negts denken Entfaltung finden.

Exemplarisches Lernen und soziologische Phantasien

Exemplarisches Lernen unter soziologischen Gesichtspunkten ist ein pädagogisches Konzept, das von Negt ursprünglich entwickelt wurde um der Verdinglichung des Arbeiterbewusstseins entgegen zu wirken. Mittlerweile ist es zu einem allumfassenden Konzept der politischen Erwachsenenpädagogik geworden, deren Ziel es ist durch soziologischer Gesamtheitsbildung gesellschaftlicher Entfremdung entgegenzuwirken. Somit ist sie als Gegenkonzept zur Halbbildung zu verstehen. Absicht ist es das dialektische Spannungsverhältnis, das sich zwischen Individuum und Gesellschaft in dessen Alltagserfahrungen reproduziert, für den pädagogischen Diskurs fruchtbar zu machen (vgl. Böhnisch/ Schröer 2007, S. 169).

Zugleich ist sie aber auch eine Kritik an das vorherrschende bürgerliche Bildungsideal und dessen funktionaler Erziehungsmethoden. Dabei hat Negt das exemplarische Lernen nicht erfunden, es aber maßgeblich weiterentwickelt in dem er es um der Komponente gesellschaftliche Phantasie in Form des Erfahrungslernens erweitert hat. Das Individuum befindet sich *„in einer permanenten Spannung zwischen dem Gefühl der Unabwendbarkeit seiner sozialen Lebensbedingungen und dem Wunsch“* dessen Verhältnisse zu ändern. Politische Pädagogik hat in diesem Sinne zum Ziel *„die grundlegenden, oft verdrängten oder verzerrt wahrgenommenen Konflikte des Individuums als strukturelle Widersprüche der Gesellschaft zu erklären und von bloßen Symptomen (...) zu unterscheiden.“* (Negt 1974, S. 33, 43) Solche Konflikte sind nach Negt auch durch zu wenig Struktur gekennzeichnet, d.h. kulturelle, soziale und ökonomische Entwicklungen (Anomie, kulturelle Erosionskriese) können Individuen entwurzeln und ihnen somit den Boden unter den Füßen entreißen. Tiefenpsychisch können solche strukturellen Konflikte der konkreten Bewusstwerdung des Individuums durch verschiedene Abwehrmechanismen entgleiten und zu einer unterschiedlichen inneren Verarbeitung führen.

> *„Sozialwissenschaftliche Experimente haben die historische Erfahrung bestätigt, daß die Neigung zur Übernahme neuer Einstellungen, Meinungen und Überzeugungen in Situationen von geringer Strukturierung, in denen anerkannte und habitualisierte Normen der Interpretation individueller Konflikte fehlen, besonders groß ist.“* (ebd., S. 33)

Deshalb ist es eine unumgehbare Voraussetzung Erfahrungen und Ängste in Kontexten von unterschiedlichen Schichten, Milieus, Gruppen, Geschlechter und Klassen sozial erfahrbar zu machen. Also dem verdinglichten Bewusstsein durch die Einsicht in gesellschaftliche Zusammenhänge zu einer Bewusstwerdung der Entfremdung zu verhelfen. Exemplarisch wird Negts Konzept erst dann wenn Individuen *„(potentielle) Sozialität und Allgemeinheit unserer Alltagserfahrungen über die verschieden pragmatisch bestimmten Alltagsituationen und Interessen hinaus wahrnehmen und bewusster freier entfalten und (...) aneignen können.“* (Nielsen 1999, S. 474f) Wie bereits in seiner Theorie von Öffentlichkeit und Erfahrung gezeigt entfalten sich solche Alltagserfahrungen jedoch erst in einem konkreten sozialen Raum und im Austausch mit Individuen. Pädagogisch vermittelte Schlüsselqualifikationen sollen dabei soziologische Phantasien in den Subjekten hervorrufen, die sich in selbstregulativer Erfahrung auf demokratische Weise entwickeln. Negt sieht im exemplarischen Lernen nach soziologischen Gesichtspunkten die Chance das eindimensionale Denken der Menschen aufzubrechen und in ihnen einen utopischen Möglichkeitssinn zu wecken.

Dies gelingt durch sechs zu lernender Schlüsselqualifikationen, die die Gesamtheit gesellschaftlicher Dimensionen zu fassen versuchen:

„Identitätskompetenz“ (Negt 2011, S. 223)	*„Kampfgelände um das Ich – als entscheidende realitätsprüfende Instanz des Subjekts.“* (ebd., S. 223) *„Den Umgang mit bedrohter und gebrochener Identität lernen.“* (Negt 1999, S. 227)
„Ökologische Kompetenz“ (Negt 2011, S. 229):	*„Der pflegliche Umgang mit Menschen, Natur und Umwelt.“* (ebd., S. 229)
„Technologische Kompetenz“ (ebd., S.224):	*„Gesellschaftliche Wirkung begreifen und Unterscheidungsvermögen“* (ebd., S. 224) hervorbringen.
„Historische Kompetenz“ (ebd., S. 232).:	*„Erinnerungs- und Utopiefähigkeit“* (ebd., S. 232).
„Gerechtigkeitskompetenz“ (ebd., S. 226) :	*„Sensibilität für Enteignungsverfahren, für Recht und Unrecht, für Gleichheit und Ungleichheit“* (ebd., S. 226) ausbilden.
„Ökonomische Kompetenz“ (ebd., S. 230):	*„Sorgfältiger Umgang mit materiellen und geistigen Ressourcen – der eigenen Arbeitskraft ebenso wie dem gesellschaftlichen Rohstoff.“* (ebd., S. 230)[1]

Negt hat seine sechs Schlüsselkompetenzen des Lernens in seinem Buch „Der politische Mensch“ ausführlich dargestellt, deshalb wird für deren Vertiefung an dieser Stelle auf sein Werk verwiesen. Seine Theorie des exemplarischen Lernens hat er mittlerweile auch auf die Kategorien Kindheit und Jugend ausgedehnt und auf deren Wichtigkeit in der Ausbildung von Erfahrung in konkreten sozialen Räumen in Form von Kinder- und Jugendöffentlichkeiten hingewiesen.

1 Ich habe diese Auflistung, die ich von Negt kopiere bereits in meiner früher geschriebenen Arbeit „Was die Pädagogik von der Anthropologie lernen kann“ angefügt.

Kritischer Humanismus als Grundstein der Erziehung

Fromm hat mit seiner Theorie des dialektischen Humanismus die Weichen für eine kritische Pädagogik gestellt um den Relativismus der Wissenschaften entgegentreten zu können. Alle Theoretiker der Frankfurter Schule haben sich eigentlich dem kritischen Humanismus verschrieben, in dem sie Lebensverhältnisse untersuchen in denen der Mensch sich zu einem Ding entwickelt und dessen Würde beraubt wird. Bei Horkheimer, Adorno, Marcuse ist dieser jedoch verdeckt und zeigt sich größtenteils nur in Form von negativer Bewusstmachung von gesellschaftlichen Wiedersprüchen. Bei Habermas liegt dieser in der Lebenswelt verwurzelt, bei Negt ist er Produkt konkreter menschlicher Erfahrungen und Teil der menschlichen Würde die jedem Subjekt inne wohnt. Fromm hat den Begriff des Humanismus, als einziger der hier beschriebenen Denker systematisch entfaltet. In seinen späteren Schriften entwickelte er diesen in mystischer Form weiter und untergräbt darin teilweise dessen Radikalität. Dies wurde auch von Marcuse, Adorno oder Habermas an seiner Theorie bemängelt, betrifft aber entgegen deren Verständnis frommscher Theorie lediglich seine Schriften über Biophilie und Nekrophilie. An der ethischen Theorie wie sie in den Werken „Den Menschen verstehen, Psychoanalyse und Ethik", „Die Furcht vor der Freiheit", „Wege aus einer kranken Gesellschaft", „Jenseits der Illusionen" und „Haben und Sein" entwickelt wurde, wird festgehalten und deren Wichtigkeit für eine Pädagogik der Kritischen Theorie betont. Dazu ist zu bemerken, dass Fromm in dem Werk „Haben und Sein" seinen Begriff des Seins für eine reformistische oder eine radikale Interpretation offen gelassen hat. Es gilt zu betonen, dass nur eine radikale Interpretation des Seinsbegriffs dem Denken des früheren Fromms gerecht wird. Ausgehend von seiner Anthropologie des Menschen, gilt es nun die Grundanforderungen für eine pädagogisch inspirierte Kritische Theorie zu formulieren.

Ausgangspunkt der frommschen Anthropologie und somit der Essenz des Menschen ist

> *„weder eine biologisch von vornherein festgelegte, angeborene Summe von Trieben, noch ist sie der leblose Schatten kultureller Muster, dem sie sich reibungslos anpasst. Sie ist vielmehr das Produkt der menschlichen Entwicklung, doch besitzt sie auch*

> *ihre eigenen Mechanismen und Gesetzmäßigkeiten. Es gibt in der menschlichen Natur gewisse Faktoren, die festgelegt und veränderlich sind: die Notwendigkeit, die physiologisch bedingten Triebe zu befriedigen, und die Notwendigkeit, Isolierung und seelische Vereinsamung zu vermeiden.*" (Fromm 2012a, S. 22)

Erstere Wesenszüge brauchen eine *„historisch, gesellschaftlichen Prägung des Charakters (...) die Fromm Sozialcharakter nennt, letzter sind*" die *„in der menschlichen Existenz wurzelnde Anforderungen zur artgerechten Entfaltung.*" (Greis 2017, S. 2) Der Mensch ist kein leeres Blatt Papier, welches in jeglicher Form beschrieb werden kann. Er ist auch nicht von Natur aus gut oder böse. Sondern es gibt im Menschen unabhängig von gesellschaftlichen Begebenheiten Existenzbedürfnisse, die zu einer positiven Entwicklung des Charakters führen können. Der Mensch kommt im Vergleich zum Tier mit sehr wenigen Trieben auf die Welt und ist deshalb das hilfloseste aller Tiere. Diese Schwäche ist gleichzeitig seine Stärke, da sie den Menschen zur Ausbildung eines Charakters zwingt, der seine menschlichen Qualitäten erst zum Vorschein bringt (vgl. Fromm 2011a).

Wie weit im menschlichen Sein wurzelnde Bedürfnisse sich entfalten können hängt dabei von der gesellschaftlichen Wirklichkeit ab. Ökonomische, soziale und kulturelle Repression in Form von autoritären- oder zweckrationalen und am Konsum orientierten Strukturen, können eine den menschlichen Bedürfnissen gerecht werdende Entwicklung unterdrücken. Somit eine Entfremdung des Menschen von sich selbst seinen Mitmenschen und seiner Umwelt auslösen. Nach Fromm sind solche Gesellschaftsbedingungen pathologisch, weil sie die Bedürfnisse des Menschen in einer gestörten Weise zur Welt in Beziehung setzen. Solchen gestörten Verhältnissen gilt es im Sinne kritisch humanistischer Pädagogik entgegen zu wirken. Wie ist dies nun im Sinne Fromms möglich?

Er hat eine Art humanistisches Entwicklungsmodell konstruiert, in dem sich die existenziellen Bedürfnisse eines jeden Menschen ausdrücken und welches als Orientierungsmuster für die Pädagogik dienen kann. Wie bereits im allgemeinen Teil kurz beschrieben gibt es fünf existenzielle Bedürfnisse, die sich im psychischen Sinne in eine positive oder negative Richtung hin entwickeln können. Dabei sind diese Teil eines Entfaltungsmodells in dem sich existenzielle Sehnsüchte von

Geburt an bis ins Alter entwickeln. Sie ziehen sich durch die primären- und sekundären Sozialisationsinstanzen und dürfen darin nicht missachtet werden. Es gilt deshalb Fromms Verständnis von Erziehung zu erörtern und es im Bezug auf allen fünf Existenzbedürfnissen immer wieder vor Augen zu führen.

> „*Auf dem Gebiet der Erziehung geht es in erster Linie darum, die kritischen Fähigkeiten des Menschen entwickeln zu helfen und eine Basis für den kreativen Ausdruck seiner Persönlichkeit zu schaffen. Das Ziel ist der freie Mensch, der gegenüber Manipulation und Ausnutzung seiner Beeinflußbarkeit zum Vergnügen und Nutzen anderer immun ist.*" (Fromm 1985, S. 95)

Die Entwicklung des Menschen ist also im frommschen Sinne als Entwicklung hin zur Freiheit zu verstehen, der Pädagogik kommt darin die Aufgabe zu Situationen zu schaffen in denen er von Passivität befreit ist und sich aktiv an Lern- Entwicklungs- und Entscheidungsprozessen beteiligen kann. Nun gilt es seine Existenzpsychologie systematisch zu entfalten und deren Anforderungen an die Pädagogik offen zu legen.

Es ist zu erwähnen, dass alle fünf Bedürfnisse miteinander verbunden sind und das der eine ohne den anderen Punkt nicht aufrecht zu erhalten ist und dass man jeden Punkt in den anderen wiederfindet.

1.) Bezogenheit durch Liebe:

> *„Die produktive Liebe umfasst stets das Syndrom folgender Einstellungen: Fürsorge, Verantwortungsgefühl, Achtung und wissendes Verstehen. Wenn ich liebe, liegt mir der andere am Herzen, das heißt, ich habe ein aktives Interesse an seinem Wachstum und Glück; ich bin dabei nicht nur Zuschauer. Ich fühle mich für ihn verantwortlich, das heißt ich antworte auf seine Bedürfnisse, auf die, welche er zum Ausdruck bringen kann, und erst recht auf die, welche er nicht auszudrücken weiß. Ich respektiere ihn, das heißt (…) ich sehe ihn so, wie er ist, objektiv und nicht entstellt durch meine Wünsche und Befürchtungen.*" (Fromm 2011b, S. 35)

Fromm beschreibt hier die bedingungslose Idealsituation der Mutterliebe bzw. Elternliebe. Eine solche Form von Liebe überschneidet sich teilweise mit anderen psychoanalytischen Theorien, allen voran die Bindungstheorie, die *Feinfühligkeit* gegenüber kindlichen Signalen und deren richtigen Interpretation für eine sichere Bindung für unabdingbar hält. Dazu kommt liebevolle Fürsorge und Beziehung. Nach Fromm muss sich Liebe aber auch entwickeln, sich von einer passiven in eine aktive Zuwendung des Kindes an die Bezugspersonen umwandeln. Die Erziehungspersonen allen voran die Eltern müssen die Gradwanderung der Liebe in Abhängigkeit des Kindes hin zur Liebe in Freiheit durch Erziehung vollziehen.

> „*Bei der Mutterliebe (hebräisch: rachamin von rechem, Mutterschoß) handelt es sich um eine Beziehung zwischen zwei ungleichen Personen. Das Kind ist hilflos und von seiner Mutter abhängig. Um zu wachsen, muss es von ihr immer unabhängiger werden, bis es seine Mutter schließlich nicht mehr braucht. So ist die Mutter-Kind-Beziehung paradox und in gewissem Sinn tragisch. Sie fordert von der Mutter die intensivste Liebe, und trotzdem muss diese Liebe dem Kind dabei helfen, von ihr wegzuwachsen und vollkommen unabhängig zu werden. Es ist für jede Mutter leicht ihr Kind zu lieben, bevor dieser Trennungsprozess begonnen hat – aber das Kind gleichzeitig zu lieben und es gehen zu lassen – und zu wünschen dass es geht, ist die Aufgabe, bei der die meisten scheitern.*“ (ebd. S. 35)

Hier wird die Anforderung die Fromm durch das erste Existenzbedürfnis an die Erziehung stellt deutlich. Es gilt das Gleichgewicht von Zuwendung und Liberalität in jeder Phase der kindlichen Entwicklung immer neu abzuwägen, zu entfalten und Situationen zu verhindern in denen passives, gefühlskaltes Verhalten von den Erziehungspersonen und Erziehungsinstitutionen praktiziert wird. Dabei kann Zuwendung und Kontrolle zu Unterwürfigkeit, Anpassung, Passivität und Konformismus führen, Zurückweisung und Vernachlässigung zu Unangepasstheit, soziale Eingeschränktheit und die Suche nach Aufmerksamkeit und Zuwendung erzeugen (vgl. Langfeldt 1996). Solche Kinder rebellieren gegen die Kälte und Vernachlässigung die ihnen in jeglicher Situation von den Erziehungspersonen entgegengebracht wird. Sie sind aktiv aber nicht im Sinne produktiver Entfaltung sondern in jeglicher Form von irrationaler Rebellion gegenüber Menschen und die Gesellschaft.

Kinder die in ihrer Erziehung Zurückweisung und Kontrolle erfahren haben neigen zu Aggressionen gegenüber Schwächeren, sind konformistisch und entwickeln Vorurteile (vgl. ebd.). Sie sind von ihren Gefühlen innerlich abgespalten benutzen andere Menschen als Dinge und haben ein verkürztes Einfühlungsvermögen.

Indessen können solche Erziehungsstile sich mischen in dem sich die Mutter zum Beispiel durch Zurückweisung und Vernachlässigung auszeichnet, der Vater hingegen sich besitzergreifend und kontrollierend verhält. Subjekte unter solchen Erziehungssituationen fühlen sich unsicher und orientierungslos, weil auf dasselbe Verhalten nicht immer die gleiche Reaktion folgt. Die Mutter, die in ihrem Erziehungsstil abweisend und vernachlässigend agiert, ignoriert das Kind auch bei Fehlverhalten, nun kann aber der besitzergreifende Vater, der von der Arbeit heim kommt und vom Fehlverhalten erfährt für dieselbe Handlung Sanktionen, im schlimmsten Fall in Form von Schlägen, folgen lassen. Aufgrund solcher Tatsachen kann das Kind sich nicht richtig artikulieren und wird in der Schule oder anderen Erziehungseinrichtungen durch abnormales auffälliges Verhalten bestraft, dazu kommt zu späterer Zeit auch noch die Sanktion des Vaters wenn er davon erfährt. Hier wird deutlich warum das Kind orientierungslos ist, es musste sich durch die zurückweisende und vernachlässigende Haltung der Mutter in seiner Entwicklung ein eigenes Bewältigungskonzept erarbeiten, welches in Erziehungsinstitutionen aneckt, weil es sich teilweise durch regelwidrigen auffälligen Verhalten bemerkbar macht. Fehlendes Schuldbewusstsein ist bei solchen Kindern oft Teil der Abwehrhaltung.

Erziehungsstile wie sie hier dargestellt sind können nach Fromm in den sekundären Narzissmus in seinen verschiedensten Ausprägungen münden. Hierzu zählt Narzissmus als soziale Abgeschiedenheit und übertriebene Selbstbezogenheit, die Flucht in autoritäre Strukturen die Sicherheit durch Konformismus und Anpassung gewähren, der Sadomasochismus oder die extremste Form des Narzissmus das völlige Scheitern der Bezogenheit mit der Welt in Form von Geisteskrankheit (vgl. Fromm 2011b). Fromm betont, dass die Elternliebe, auf die Liebe im Erwachsenenalter große Auswirkungen hat. Ein Erwachsener kann seine Liebe in einer Liebesbeziehung nur vollständig entfalten wenn auch die Entwicklung der Liebe hin zur Freiheit positiv von den Eltern in ihrer Erziehung gefördert wurde. Solche Subjekte die sich im Sinne der oben genannten Erziehungsformen nicht lösen konnten oder niemals geliebt wurden zeichnen sich auch in der zwischenmenschlichen Liebe durch Passivität, Zurückweisung, Sadismus /Masochismus oder Besitzergreifung aus.

2.) „*Transzendenz durch Kreativität*" (ebd., S. 38):

> *„Ein weiterer Aspekt der menschlichen Situation, der eng mit dem Bedürfnis nach Bezogenheit zusammenhängt, ist die Situation des Menschen als Geschöpf und sein Bedürfnis, diesen Zustand des passiven kreatürlichen Seins zu überwinden. Der Mensch wird in die Welt hineingeworfen ohne sein Wissen, ohne seine Zustimmung oder seinen Wunsch, und er wird wieder aus ihr genommen, ebenfalls ohne seine Zustimmung oder seinen Wunsch. (…) Da er aber mit Vernunft und Vorstellungsvermögen begabt ist, kann er sich nicht mit der passiven Rolle der Kreatur zufriedengeben (…). Es drängt ihn, die Rolle des Geschöpfs, die Zufälligkeit und Passivität der kreatürlichen Existenz dadurch zu überwinden, daß er selbst zu einem <Schöpfer> wird."*´(ebd., S. 38)

Schöpfen und sich entfalten ist das um und auf der menschlichen Natur, welches sich schon in der Kindheit entwickelt. Vorstellungsvermögen und Phantasie sind Grundkategorien der menschlichen Kreativität. *„Im Bedürfnis des Menschen nach Transzendenz liegt eine der Wurzeln der Liebe wie auch der Kunst, der Religion und der materiellen Produktion."* (ebd., S. 38) Darum ist es im erzieherischen Feld wichtig Kreativität und Transzendenz also das Streben über sich hinaus zu wachsen zu fördern und nicht zu unterdrücken. Speziell die Schule als System kann neben dem Markt unter diesen Gesichtspunkten kritisiert werden. Der Markt schafft es durch Konsum die Kreativität des Menschen in passive Schablonen zu drücken und in ihnen neue Bedürfnisse zu schaffen. Die Schule unterdrückt ebenfalls die phantasievolle und kreative Aneignung des Kindes und presst sie in Schablonen vorgefertigten Lernens, darüber hinaus bestimmt sie wann welcher Lernstoff gelernt werden soll und spricht dem Kind die Individualität ab. Die Persönlichkeit des Kindes wird nur noch unter den Gesichtspunkten der Verwertbarkeit gesehen und für die Schule unnütze Formen wie Phantasie und freies Lernen werden unterdrückt. Die vollständige Unterdrückung und nicht Befriedigung der Kreativität und Entfaltung des Menschen kann dazu führen, dass Kinder und Erwachsene dazu getrieben werden deren Wunsch nach Transzendenz in Zerstörungswille und Aggression umzuleiten.

> *„Die Destruktivität ist eine sekundäre Entwicklungsmöglichkeit, die in der menschlichen Existenz selbst wurzelt und die die gleiche Intensität und Macht besitzt, wie sie jede Leidenschaft haben kann."* (ebd., S. 39)

3.) „*Verwurzelung durch Brüderlichkeit*" (ebd., S39):

> *„Die Geburt des Menschen als Menschen ist der Anfang seines Ausgangs aus seiner natürlichen Heimat, der Anfang der Lösung aus seinen natürlichen Bindungen. Aber diese Loslösung ist Angst erregend. Wenn der Mensch seine natürlichen Wurzeln verliert, wo befindet er sich dann, und wer ist er? (…) Er wäre wurzellos und könnte die Isolierung und Hilflosigkeit seiner Lage nicht ertragen. (…) Auf seine natürlichen Wurzeln kann er nur verzichten, wenn er neue menschliche Wurzeln findet. (…) Ist es demnach verwunderlich, daß wir beim Menschen eine tiefe Sehnsucht feststellen, die natürlichen Bedingungen nicht abzubrechen und sich dagegen zu wehren, von der Natur, der Mutter, dem Blut und dem Boden hinweggerissen zu werden? (…) Selbst beim reifen Erwachsenen hört die Sehnsucht nach jenem Zustand, wie er einst gegeben war, nie völlig auf (…). Angesichts der größeren Schwierigkeiten des Lebens, angesichts der fragmentarischen Natur unseres Wissens und Zufälligkeiten, (…) ist die Situation des Erwachsenen so verschieden von der des Kindes (…)."* (ebd., S. 39f)

Fromm beschreibt hier den Entwicklungsgrad des Menschen hin zur Freiheit und der dazugehörigen Unsicherheit. Menschen müssen in ihrer Entwicklung lernen frei zu werden ohne sich wieder in Abhängigkeit als Ersatz der Mutterbindung (Elternbindung) zu begeben. Sie müssen durch Erziehung lernen sich als selbständige Wesen zu erkennen und sich von alten Abhängigkeiten befreien. Es gilt sich in Form von Brüderlichkeit zu den anderen Menschen in Beziehung zu setzen und sich als Wesen zu erkennen, dass sich existenziell von den anderen Menschen nicht unterscheidet. Es gilt die Wichtigkeit von Gemeinsamkeiten anstatt von Unterschieden hervorzuheben um das eigene Mitgefühl in Freiheit und Gleichheit mit der gesamten Menschheit zu teilen und nicht auf Nation, Blut und Boden zu begrenzen. Die Bindung an die Nation, den Staat, die Religion dient dazu andere auszugrenzen, wenn man sich nach Verwurzelung sehnt. In solchen Fällen ist man nie von der Trennung der Mutter hinweg gekommen und man braucht Strukturen die einem Sicherheit bieten z. B. das eigene Volk über andere erheben. Die kulturellen Differenzen werden wichtiger als die Gemeinsamkeiten der menschlichen Rasse. Um solchen Entwicklungen entgegensteuern zu können braucht es in der Erziehung den Ausgleich zwischen Freiheit und Bindung in jeglicher Stufe der Entwicklung, um Kindern und Erwachsenen zu helfen sich gebunden zu fühlen ohne sich zu unterwerfen zu müssen.

4.) Identitätserleben durch Individualität:

> „*Da der Mensch aus der Natur herausgerissen ist, da er mit Vernunft und Vorstellungsvermögen begabt ist, muß er sich eine Vorstellung von sich selber bilden, muß er sagen und fühlen können: ‚Ich bin ich'. Weil er nicht gelebt wird, sondern lebt (…) muß er in der Lage sein, sich als das Subjekt seines Handelns zu empfinden. (…) Das Kind das sich mit der Mutter noch eins fühlt, kann noch nicht ‚Ich' sagen (…). Erst wenn es die Außenwelt als etwas Getrenntes und von sich Unterschiedenes begriffen hat, gelangt es auch zu einem Bewusstsein seiner selbst als eines separaten Wesens.*" (ebd., S. 58)

Wie in den vorhergehenden Existenzanforderungen geht es auch in dieser um die Möglichkeit des eigenen Icherlebens, um ein Leben in Freiheit und Selbstgestaltung. Nur in dieser in der Psyche des Menschen wurzelnden Anforderung wird viel mehr die Interaktion mit der Welt betont, die Identität die sich das Individuum durch das sich in Beziehung setzen mit der Welt erarbeitet. Dabei liegt der Gradmesser viel mehr auf den Akzent gesellschaftlicher Entfaltung des Subjekts in deren historischer Wirklichkeit. Es gilt zu erörtern, ob die Gesellschaft genügend Ansprüche an das Individuum stellt, damit es sich artgerecht entfalten kann.

> „*Die westliche Kultur entwickelte sich so, dass sie die Grundlage für eine volle Erfahrung der Individualität schuf. Durch die poli-*

tische und wirtschaftliche Befreiung des Individuums, durch seine Erziehung zu selbstständigem Denken und seine Befreiung von jedem autoritären Druck hoffte man jeden einzelnen in die Lage zu versetzen, sich in dem Sinn als „Ich" zu fühlen, daß er der Mittelpunkt und das tätige Subjekt seiner Kräfte war und sich auch so fühlte." (ebd., S. 59)

Doch anstatt in Freiheit führen Ökonomie, Pädagogik, Kultur und Politik in eine große Abhängigkeit. Verdinglichte Arbeitssituationen entfremden den Menschen von sich selbst, den Anderen und seine Umwelt, die Konsumkultur besitzt die Kraft Bedürfnisse in den Individuen zu wecken die sie vorher nicht hatten, Meinungen werden in der verwalteten Welt vorprogrammiert, Werte von der Kulturindustrie erschaffen, politische Freiheit hat sich als reine Täuschung herausgestellt und die Erziehung stützt solche Zustände durch Anpassung und macht den Mensch zu einem beliebig austauschbaren Rädchen im Getriebe des Systems. Individuen in unserer Gesellschaft entwickeln ein schein Ich, eine Pseudoidentität, die sich in einem neuen Herdentrieb ausdrückt. Wahre Gefühle werden verdrängt oder abgespalten und kommen nicht mehr zu deren menschlicher Entfaltung.

Auf das Thema Identität wird im nächsten Kapitel noch genauer im Hinblick auf den Gesellschaftscharakter eingegangen und bedarf hier keiner weiteren Vertiefung.

5.) *„Suche nach einem Rahmen der Orientierung und nach einem Objekt der Hingabe durch Vernunft"* (ebd., S. 60):

„Die Tatsache, daß der Mensch Vernunft und Vorstellungsvermögen besitzt, führt nicht nur dazu, daß er ein Gefühl seiner eigenen Identität braucht, er muss sich auch geistig und Gefühlsmäßig in der Welt orientieren. (...) Der Mensch findet sich von vielen rätselhaften Erscheinungen umgeben, und da er mit Vernunft begabt ist, muss er sie irgendwie einordnen, muss er sie in einen Zusammenhang bringen, den er begreifen kann und der es ihm ermöglicht, sich in seinen Gedanken damit zu befassen. Je weiter sich seine Vernunft entwickelt, umso angemessener wird sein Orientierungssystem (...). Aber selbst wenn der Orientierungssinn eines Menschen völlig illusorisch ist, so befriedigt er doch sein Bedürfnis sich ein Bild zu machen, das für ihn einen Sinn

> *hat. (...) Das Bedürfnis nach einem Rahmen der Orientierung besteht auf zwei Ebenen. Das erste und grundlegendere Bedürfnis ist, überhaupt irgendeinen Orientierungsrahmen zu besitzen, gleichgültig ob er richtig oder falsch ist. Wenn der Mensch keinen solchen subjektiv befriedigenden Orientierungsrahmen besitzt, kann er nicht in seelischer Gesundheit leben. Auf der zweiten Ebene besteht das Bedürfnis, mit Hilfe seiner Vernunft mit der Realität in Kontakt zu kommen, die Welt objektiv zu begreifen. (...) Aber wie verschieden diese Antworten in Bezug auf ihren Inhalt auch sein mögen, sie alle entsprechen dem Bedürfnis des Menschen, nicht nur irgendein Denksystem zu besitzen, sondern auch ein Objekt für seine Hingabe zu finden, das seinem Leben und seiner Stellung in der Welt Sinn verleiht.*" (ebd., S. 61-63)

Erziehungseinrichtungen müssen deshalb immer die Möglichkeit der subjektiven Sinnstiftung des Individuums ermöglichen. Der ideologische Zwang zu einem Weltbild verhindert dabei die freie Suche nach einem Sinn. Institutionen sollen dem Individuum nicht ihren Stempel aufdrücken, sondern ihm helfen zu einem eigenen Sinn zu finden, damit das Leben an sich nicht sinnlos wird. Dabei ist zu erwähnen, dass besonders das kapitalistische System immer wieder versucht den Menschen von außen einen Sinn aufzupressen und die Individuen müssen diesen übernehmen um in einer sich nach Marktprinzipien organisierenden Gesellschaft zu überleben. Es ist ein Faktum das Menschen, die im Schul- oder kapitalistischen System scheitern ihren Sinn verlieren, weil sie nicht mehr Wissen wie es weiter gehen soll. Schon die soziologische Form der Kapitalvergabe ist mit einem sozialen, kulturellen und ökonomischen Herkunftsmilieu gekoppelt und dieser bestimmt oft schon die Möglichkeiten der Sinnannahme und dessen Verwirklichungschancen. Die Hingabe zu einem Bezugssystem ohne Ideologischen Gesichtspunkten ist ohne gesellschaftliche Veränderungen nicht möglich. Es ist eine Sisyphosarbeit für die Pädagogik Erziehung gegen die herrschenden Verhältnisse fruchtbar zu machen, nichts desto trotz gilt es Inputs zu deren Veränderung zu geben und Räume zu schaffen in denen sich die Individuen zweckfreie entwickeln können.

Es ist deutlich zu erkennen, dass die psychologischen Existenzanforderungen Fromms in einem kritischen Widerspruch zu der bestehenden Gesellschaft und deren Anforderung für eine menschengerechte Entwicklung stehen. Deshalb gilt es im nächsten Kapitel das Erziehungskonzept Fromms in Verbindung mit seiner Theorie des Gesellschaftscharakters kritisch pädagogisch zu entfalten.

Erziehung als Reproduktionsmechanismus des Marketing-Charakters

Nun gilt es die Sozialisation des Individuums in einer Gesellschaft nachzuzeichnen, in der der vorherrschende Gesellschaftscharakter der Marketing-Charakter ist und die Rolle der Erziehung in einer zweckrationalen und konsumorientierten Zivilisation zu analysieren.

Dazu gilt es Fromms Verständnis von Wissen in der verwalteten Welt nachzuzeichnen. Dieser kommt zu ähnlichen Ergebnissen wie sie Adorno schon in seiner Theorie der Halbbildung konstatiert hat. Wissen selbst wird unter der Herrschaft kapitalistischer Rationalisierungsprozesse zur Ware. Es wird zu einem Mittel zum Zwecke der Produktion und reduziert sich auf reine Faktenverwertung unter den Gesichtspunkten quantitativer Abstraktion. Daraus bezieht Fromm seine Kritik an der Organisation der Schule und des Universitätsbetriebs. Wissen wird zu einer Akkumulation von Tatsachenwissen ohne Beziehung zu den Studierenden. Ihnen wird der Mut zum eigenständigen Denken genommen, weil es in einem solchen Zusammenhang wichtiger ist vorformuliertes Wissen zu wiederholen als es zu schaffen.

> *„Hierher gehört das Beispiel, daß man dem Wissen von Tatsachen – oder besser gesagt der Information – einen übertriebenen Wert beimißt. Man huldigt dem pathetischen Aberglauben, wenn man sich nur immer mehr Tatsachen einpräge, werde man schließlich zur Erkenntnis der Wirklichkeit gelangen. Hunderte von verstreuten Einzelfakten, die ohne jede Beziehung zueinander sind, werden den Schülern eingetrichtert. Ihre Zeit und ihre Kraft wird dafür in Anspruch genommen, daß sie immer mehr Tatsachen lernen, so daß ihnen zum Denken kaum noch Zeit bleibt. Natürlich bleibt das Denken ohne die Kenntnis von Tatsachen leer und fiktiv; aber ‚Informationen' allein können für das Denken ebenso ein Hindernis bilden wie zuwenig Informationen."* (Fromm 2012a, S. 179).

Dazu kommt, dass Wahrheit zu einem relativen Gut verkommen ist, welches nur noch an rein subjektiven Werten gemessen werden kann. Wissenschaft hat sich im Sinne des Positivismus von allen Lastern befreit und kann die Wünsche und Interessen des Forschenden nicht mehr ausdrücken. Wünsche und Interessen sind jedoch die in den Individuen wurzelnden Antriebsmechanismen der Erkenntnis der Welt. Verdrängt wurden diese von der instrumentellen Vernunft die den reinen Zweck der Marktverwertung verfolgt. In den Schulen und Universitäten versiegt das kritische Denken, welches schon bei der Einschulung ein Dorn im Auge der Lehrpersonen ist, weil es nicht zu den objektiv messbaren Leistungen gehört.

> *„Die Schüler sollen so vielerlei lernen, dass ihnen kaum noch Zeit und Kraft zum Denken bleibt. Der Grund, dass man eine bessere und umfassendere Erziehung fordert, ist nicht das Interesse am Lernstoff, am Wissen oder der Erkenntnis als solcher, sondern der höhere Tauschwert, den das Wissen vermittelt."* (Fromm 2012a, S. 67).

Aus diesem Grund verkommt die Persönlichkeit, weil wichtige Charaktereigenschaften die diese stützen einfach abgewertet werden. Der Lehrer sowie jegliche Erzieher in sozialpädagogischen Einrichtungen sollten nach Fromm allem voran menschliche Haltung vermitteln, aber genau solches Lernen wird in Hinsicht auf die instrumentelle Vernunft untergraben. Spontanität und Wachstum die Teile der kreativen Entfaltung des Menschen sind verkümmern vollkommen. Die damit einhergehende Beeinträchtigung des Fühlens durch Erziehung, beginnt dabei schon in der frühen Kindheit. Um den Marketingcharakter im Menschen auszuformen braucht es Konformismus nicht Selbstbestimmung. Der Mensch entwickelt durch diese Form der Erziehung eine Pseudo-Identität, die lediglich dazu dient Rollenklischees zu erfüllen. Um sich von einer solchen verdinglichten Position in der Gesellschaft zu befreien bedient sich der Mensch den kulturellen Gegenmitteln des Konsums, die ihn jedoch noch weiter von sich selbst endfremden (vgl. Bierhoff 2013, S. 38f).

> *„Sehr oft stellen wir fest, dass sich das Kind durch den Wunsch der Eltern (deren persönlichen Wunsch oder deren Wunsch als Repräsentanten der Gesellschaft) gezwungen sieht, seine ursprüngli-*

chen Anlagen zu verdrängen oder abzuschwächen und sie durch Charakterzüge zu ersetzen, deren Entwicklung die Gesellschaft für wünschenswert hält. Hier treffen wir auf die Wurzeln der Entwicklung von Neurosen: Jemand entwickelt ein Identitätsgefühl, das ihm nicht entspricht. Während das echte Identitätsgefühl darauf beruht, so zu sein, wie man als Mensch geboren wurde, beruht die Pseudo-Identität auf der Persönlichkeit, die uns die Gesellschaft aufzwingt. Aus diesem Grunde braucht die Pseudo-Identität, ständig Billigung, um die Ansprüche ausbalancieren zu können. Die echte Identität braucht eine solche Billigung durch andere nicht, weil das Bild, das sich der Betreffende von sich selber macht, mit seiner authentischen Persönlichkeitsstruktur übereinstimmt." (Fromm 1979, Bd. 8, S. 310)

Die Gesellschaft ist in ihrer Grundform repressiv sie braucht nichts weiter um zu funktionieren als austauschbare Rädchen im System, die sich bedingungslos unterwerfen und für ihre reibungslose Funktion garantieren. Das Identitätserleben und Gefühl von Authentizität wird durch den Gesellschaftscharakter untergraben. Da eine Entwicklung des Menschen ohne Gesellschaft jedoch unmöglich ist, gilt es Räume und Möglichkeiten zu schaffen in denen eine zweckfreie Entwicklung von Identität und Individualität möglich wird. Authentizität in Form von Selbstgefühl und Spontanität, die ein produktives, kreatives Wachstum in Freiheit ermöglicht, welches für das Individuum Sinnstiftend ist, ist das Ziel von Erziehung. Dabei braucht es auch eine vorbildliche Beiziehung zu der Erziehungsperson, die sich nicht rein auf die Vermittlung von Wissen stützt, sondern einen Lernprozess der gesamten Persönlichkeit bewirkt. Ziel ist die Erziehung zum Sein, im Gegensatz zum vorherrschenden Prinzip des Habens dem es nur auf die Nutzbarmachung von Wissen ankommt. Grundsatz einer solchen Erziehung ist es, dass der Mensch nicht zur gesellschaftlichen Reproduktion da ist, sondern umgekehrt die Gesellschaft aus Gründen der menschlichen Reproduktion besteht (vgl. Bierhoff 2013, S. 79).

Ziel der humanistischen Erziehung ist die Umstrukturierung der Gesellschaft und die Wiederbelebung des Gemeinwesens im Sinne aktiver Beteiligung. Um wirklich reif zu werden muss ein Mensch irgendwann die fötale Bindung zur Welt verlieren und sich durch freie Bindung wiederum mit ihr in Beziehung setzen. Jeder Mensch trägt den Wert der

Humanität in sich, gesellschaftlicher Ausdruck eines solchen Wertes ist ein Bedingungsloses Grundeinkommen, das nach Fromm Ziel einer politischen Pädagogik sein soll. Wenn die Existenzangst in Form von materieller Sicherheit schwindet kann sich jeder Mensch in seinem Gemeinwesen mit seinen Mitteln einbringen.

Vertrauen, Liebe, Achtung, Freiraum, liebevolle Zuwendung, Zutrauen und Schutz sind Werte der Erziehung zur Freiheit und Humanität (vgl. ebd.). Sie müssen sich zu Grundpfeilern aller gesellschaftlichen Erziehungseinrichtungen und Sozialisationsinstanzen entwickeln. Damit müssen sie sich aber von den Prinzipien der Manipulation lossagen.

> *„Erziehung ist identisch mit der Hilfe, die man dem Kinde gibt, damit es seine Möglichkeiten verwirklichen kann. Das Gegenteil von Erziehung ist Manipulation. Ihr fehlt der Glaube an das Reifen der kindlichen Möglichkeiten. Sie beruht auf der Überzeugung, dass aus einem Kinde nur dann etwas Rechtes werden kann, wenn die Erwachsenen ihm das aufpfropfen, was erwünscht ist, und ihm das abstutzen, was unerwünscht zu sein scheint. An einem Roboter braucht man nicht zu glauben, denn in ihm ist kein Leben.“* (Fromm 2011a, S. 160f)

Die Familie als wichtigste Instanz der Sozialisation

Unumgänglich für das Verständnis von Pädagogik in Nachfolge der Kritischen Theorie ist die Familie als Agens der Gesellschaft. Diese wird als Grundkategorie gesellschaftlicher Reproduktion und als Institution, die den Sozialcharakter für ihre reibungslose Funktion formt verstanden. Die Familie ist die Keimzelle der Gesellschaft. Von allen hier dargestellten Vertretern der Kritischen Theorie außer Habermas wird die Familie als zu erforschendes Subjekt betrachtet, in der sich patriarchale und ideologische Herrschverhältnisse abzeichnen. Bei Habermas wird dieses als Grundkategorie kommunikativen Handelns, die sich in der Lebenswelt entfaltet verstanden, für alle andern Vertreter ist sie die Keimzelle in der sich kulturelle, ökonomische, patriarchale und soziale Formen gesellschaftlicher Herrschaft darstellen und mit der sozialen Praxis des Zusammenlebens paaren. Erstere macht die genaue Abzeichnung von gesellschaftlichen Ideologien durch die Trennung von System und Lebenswelt unmöglich, da er mit diesem lediglich systemischen

Kolonialiserungs-prozesse untersuchen kann, jedoch nicht die figurative soziale Konstitution der Familie in der systemische und ideologische Prozesse bereits in ihrer sozialen Praxis abgezeichnet haben.

Deshalb wird die Familie im Anschluss an Fromm, Horkheimer, Adorno, Marcuse und Negt nachgezeichnet. Ausgangspunkt von allen fünf Theorien ist die Rekonstruktion der Familie im Zeitalter der Reformation unter dem Einfluss des Protestantismus. Nicht zu übersehen ist hierin der Einfluss Webers der in seiner Soziologie die Auswirkungen der protestantischen Ethik auf den Kapitalismus nachzeichnete. Im 16. Jahrhundert unter dem Bann des Protestantismus entwickelte sich das Sinnverständnis der Modernen Familie wie es sich bis heute gehalten hat.

> „*Martin Luther hat diese Dienerschaft der Familie, ihre famulus-Funktion (verstärkt im Inneren noch einmal durch die Dienerschaft der Frau, der Mutter) am entschiedensten formuliert, vor allem im großen Katechismus, indem den zehn Geboten dem vierten Gebot <Du sollst Vater und Mutter ehren> der bei weitem umfangreichsten Kommentar gewidmet ist. Die Familie bekommt – und das ist neu gegenüber der vorbürgerlichen Welt – eine zentrale Funktion für den Staatsaufbau: Familie ist das entscheidende Glied zwischen Gott und Staat. Vermittelt über die Autorität der Eltern, rückt sie zum eigenen Stand in der Schöpfungsordnung auf, zu gottähnlicher Obrigkeit; in dieser religiös abgesicherten Funktion hat sie für Gehorsam, Disziplin, Ordnung zu sorgen. In dem (…) das ganze Haus (…) zerfällt, wird Familie zum Fundament des Staates, und damit gibt der Reformator der Beziehung zwischen Eltern und Kindern eine neue Qualität. (…) So entwickelt Luther (und vor allem sein ungeliebter Schüler Calvin) eine Berufsethik der innerweltlichen Sündenabtragung, in der Arbeit als rastloser Erwerbstrieb, Arbeit um der Arbeit Willen, zum gottwohlgefälligsten Tun wird. (…) Seit Luther ist Arbeit eine Art innerweltlicher Gottesdienst, und in diesem innerweltlichen Gottesdienst hat jeder seinen beruflichen Platz, der ihm Gehorsamkeit, Fügsamkeit und Disziplin vorschreibt*“. (vgl. Negt 1999, S. 66f)

Fromm erwähnt hierzu, dass im 17. und 18. Jahrhundert die Gesellschaft und mit ihr der Handel und die Wirtschaft noch nach mittelalterlichen

Normen und Sitten geregelt wurden und sich der Kapitalismus noch in den Kinderschuhen befand. Waren zu Unterpreisen anzubieten galt als unmoralisch in dem Sinne, dass sie nicht unter dem Preis der Kaufmannsgemeinschaft vorgeschlagen werden durften. Technik und Industrie befanden sich in anfänglicher Entwicklung, so dass sich die protestantische Ethik erst im 19. Jahrhundert mit dem Kapitalismus zu einer allumfassenden Peinigung des Menschen verbinden konnten (Fromm 2011b, S. 76f).

Im 19. Jh. hingegen wird die Ökonomie von liberalen Märkten gesteuert, menschliches Handeln wird zu einem Rädchen der Wirtschaftsmaschinerie. Der Markt reagiert nicht nur Menschen, sondern auch Technik und Naturwissenschaften, er setzt sie in verdinglichten Beziehungen zueinander. Das wichtigste in der kapitalistischen Produktionsweise ist der Profit, den es im Konkurrenzkampf zwischen Kapitalisten zu veräußern gilt. In diesem Wettkampf um Profit ist es das Ziel den Nutzen unter den kleinsten Aufwand zu maximieren.

> „*Der Kapitalismus des neunzehnten Jahrhunderts war ein wirklich privater Kapitalismus. Die einzelnen erkannten und ergriffen neue Gelegenheiten, die sich ihm boten, sie handelten ökonomisch, sie erfanden neue Methoden, sie erwarben Besitz, den sie sowohl für die Produktion als auch für den eigenen Verbrauch nutzten und an dem sie ihre Freude hatten. Diese Freude am Besitz ist neben der Lust am Wettbewerb und neben dem Profitstreben eines der grundlegenden Merkmale des Charakters der Mittel- und Oberklasse des neuzehnten Jahrhunderts.*" (ebd., S. 82)

Genau diese Sucht nach Ersparnis und nach Besitz führte in Kombination mit dem Protestantismus zu einer hortenden Charakterorientierung des Menschen. Werte wie Sparsamkeit und Geiz waren in der Familie ein hochzuhaltendes Ideal das von Eltern an ihre Kinder weitergegeben wurde. Die Ethik des Handelns im 19. Jahrhundert, die sich in den Charakteren der Menschen festsetzte zeichnet sich durch Phantasielosigkeit, Geiz, Argwohn, Kälte, Ängstlichkeit, Eigensinnigkeit, Zwanghaftigkeit, Besitzgier, Reserviertheit, Vorsichtigkeit, Verlässlichkeit, Ordnung, Sorgsamkeit, Sparsamkeit, Loyalität und Reserviertheit aus (ebd., S. 83).

Der Vater war in die Herrschaft des Kapitals eingebunden und einer strengen Hierarchie untergeordnet. Er war Opfer einer strengen

Autorität, die er auf seine Kinder, besonders auf den Jungen dem in der patriarchalischen Gesellschaft die zukünftige Rolle des Ernährers zukam, übertrug. Die Mutter wurde dabei Vorbild der Tochter, die ihr die weiblichen Reproduktionsaufgaben, zu denen Fürsorge und Hauspflege gehörte übertrug. Dabei waren Sohn wie Tochter Opfer der aus dem Arbeitsverhältnis abzuleitender väterlicher Autorität. Durch das Aufkommen der Rationalisierungsprozesse der Gesellschaft die im 20. Jahrhundert ihren Höhepunkt finden, dem Errichten von Gesetzen, Strafen und von Werten wie Fleiß, Sparsamkeit und Unterwerfung, erreicht der autoritäre Charakter seine volle Entfaltung. Der Monopolisierung der Macht in den Händen des Staates, sowie der Liberalisierung des kapitalistischen Marktes kommt in diesem Zusammenhang in Verbindung mit religiösen und kulturellen Werten eine nicht zu unterschätzende Wichtigkeit zu. Die Familie reproduziert durch Erziehung, die das einpressen von Triebstrukturen (z. B. Sexualität) in das repressive gesellschaftliche Normgefüge fördert, den Gesellschaftscharakter. Fromm sieht in den Charakterstrukturen des 19. Jh. eine individualistische Einstellung der Subjekte wurzeln, die sich durch der rationalen Philosophie und Wissenschaft entwickelt hat und die Vernunft als eigenen Leitfaden des Handelns erhob. Negt entgegnet dazu, dass besonders die Familie von der Philosophie des Idealismus hochgehalten wurde.

> „*Was mit Luther beginnt und für die moderne Ethik bestimmendes Gewicht annimmt, ist die veränderte Stellung der Subjektivität, des Freiheitsbewusstseins der Individuen und die immer stärker in der Hierarchie der Werte nach oben rückender Arbeit. Auf dem Höhepunkt des deutschen Idealismus, dort, wo die ganze Welt aus dem Subjekt heraus noch einmal produziert wird und nichts außerhalb des Systems bleiben darf, in der protestantischen Philosophie Hegels, gewinnt die Familie eine eigentümliche metaphysische Würde. (…) Die bürgerliche Familie teilt das Schicksal der bürgerlichen Gesellschaft, sie ist mit Gedeih und Verderb mit ihr verknüpft, so daß deren Erosionstendenzen, und weiter gefasst die des Staates, das Naturelement der Familie nicht unberührt lassen können.*“ (Negt 1999, S. 68)

Dabei ist die bürgerliche Familie von Anfang an ein ideologisches Konstrukt, das in ihrer propagierten Form nur kurzzeitig bestand und vor allem am Ende des 20. Jahrhunderts und zu Beginn des 21. Jahrhunderts vollständig zu zerfallen droht.

Fromm resümiert bevor wir uns an die Familien und Charakterstruktur des 20. Jahrhunderts wagen nochmals die Entwicklung der Familie und ihrer dazugehörigen Sozialcharakter.

> „*Zusammenfassend läßt sich sagen, daß der Gesellschafts-Charakter des neunzehnten Jahrhunderts im wesentlichen von Konkurrenzkampf, vom Horten, von der Ausbeutung und einer autoritären, aggressiven und individualistischen Einstellung geprägt war. Unserer späteren Diskussion vorgreifend, können wir schon hier nachdrücklich auf den großen Unterschied zwischen dem Kapitalismus des neunzehnten und dem des zwanzigsten Jahrhunderts hinweisen. Anstellte der Orientierung auf Ausbeutung und Horten finden wir jetzt den rezeptiven und den Marketing-Charakter*". (Fromm 2011b, S. 89)

Der Dialektik der Aufklärung kommt in der Entwicklung vom 19. zum 20. Jahrhundert eine umfassende Bedeutung zu. Die Gesellschaft hat zu Anfang des 20. Jahrhunderts religiöse Werte die traditionelles Handeln stützten vollständig verbannt. Stattdessen werden Individuen durch die Monopolisierung des Kapitals in den Händen weniger Großbetriebe und dem Aufkommen der Industrieproduktion immer mehr entmachtet. Sie werden Opfer von Verdinglichung welche religiös motiviertes Handeln durch Zweckrationalität ersetzt. Kleinbürgerliche Betriebe werden durch einen erhöhten Konkurrenzkampf immer mehr in die Enge getrieben und sehen sich in ihrer Existenz durch drohende Insolvenz unter Druck gesetzt. Viele müssen sich selbst dem Industriekapital unterwerfen und sich in Abhängigkeit begeben.

Die entfremdeten Verhältnisse stützenden Mechanismen der Arbeitsteilung, der Bürokratie, der Abstraktion und Quantifizierung führen zu einem verdinglichten Bewusstsein, dass sich auf die Erziehung in der Familie auswirkt. Der Vater der kleinbürgerlichen Familie wiegt seine Entmachtung in der Arbeit durch die Herrschaft über Kinder und Mutter auf. Sie werden Opfer kompensierter Autorität. Er ist die Verkörperung des Realitätsprinzips in Form des Über-Ichs, welches nicht hinterfragbare Unterwürfigkeit fordert und gesellschaftliche Werte und Normen auf die Kinder überträgt.

Der Sadomasochismus bildet sich durch Verbote und Gebote des Vaters. Das Individuum unterwirft sich der herrschenden Ideologie der Gesellschaft und unterwirft gleichzeitig Andere (Kinder und Frau) unter sich. Die wirtschaftlichen und gesellschaftlichen Umwälzungen führten zur einer tief greifenden Krise in den Individuen, die sich nicht nur wirtschaftlich sondern auch kulturell entwurzelt fühlten. Das Individuum war ein Rädchen in einem übergroßen System, welches im Angesicht des technokratischen Produktionsapparats in Bedeutungslosigkeit unterging. Trotzdem versprach der Kapitalismus auch Freiheiten, die paradoxer Weise aus seiner Abhängigkeitsproduktion gewonnen wurden. Die aufkommende Kulturindustrie und die Technik in Verbindung mit Individualisierung wurden zu Freiheitsbegriffen der zwanziger Jahre. Angesichts der Wirtschaftskrise und gesellschaftlichen Veränderungsprozessen wurden die Subjekte Opfer einer gesellschaftlichen und kulturellen Entwurzelung, die sich auf die Psyche der Menschen auswirkte.

Folglich flüchteten sie sich in die irrationale Struktur des autoritären Staates, welcher sich in Form des Nationalsozialismus präsentierte. Unterstützt wird ein solcher Fluchtmechanismus von einem schwachen Ich im Individuum, dass dem Über-Ich, welches die Autorität des Vaters personifizierte, ausgeliefert ist. Autorität, Destruktivität und Konformismus steigern sich im Faschismus ins unermessliche. An der Spitze ihrer Ich-Ideale wähnte sich der Führer als absolute Autorität. Die Familie wurde Opfer eines völkischen Kultes.

In den Jahren nach dem Faschismus entwickelt sich der Kapitalismus dort weiter wo er nach dessen Aufkommen aufgehört hatte.

> *„Es handelt sich um das Verschwinden der feudalen Züge, um die revolutionierende Zunahme der Industrieproduktion, um die wachsende Konzentration des Kapitals, um die ständige Vergrößerung der Betriebe und des Verwaltungsapparats, um die immer größere Zahl von Menschen, die Zahlen und Menschen manipulieren, um die Trennung von Eigentümern und Management in den Unternehmen, um den wirtschaftlichen und politischen Aufstieg der Arbeiterklasse, um die neuen Arbeitsmethoden in Fabrik und Büro. (…) Ein anderes entscheidendes Erlebnis des Menschen des zwanzigsten Jahrhunderts ist das Produktionswunder. Er verfügt jetzt über Kräfte, die tausendmal stärker sind als die, welche ihm die Natur zuvor in die Hand gab. Dampfkraft, Öl*

> *und Elektrizität sind zu seinen Dienern und Lasttieren geworden. Er überquert die Meere und die Kontinente – zuerst in Wochen, dann in Tagen und heute in Stunden. (...) Das Wunder der Produktion führt zum Wunder des Konsums. Es gibt die traditionellen Schranken nicht mehr, die jemand davon abhalten könnten, irgendetwas, wonach ihm gelüstet, zu kaufen. Er muss nur das Geld dazu haben.*" (Fromm 2011b, S. 97f)

Der Mensch wird in der Nachkriegszeit durch Abstraktion und Quantifizierung zu einem entfremdeten Wesen. Dazu kommt die alles durchdringend Standardisierung der Kulturindustrie die Bedürfnisse in den Individuen erschaffen kann. Das Abhängigkeitsverhältnis der Menschen wird von den Verblendungsmechanismen der verwalteten Welt verdeckt. Der Wohlfahrts- und Kriegsstaat, die „repressive Entsublimierung", die entfremdete Arbeit, die positivistische Wissenschaft und die verdinglichte Beziehung der Menschen untereinander und zur Natur führt zum eindimensionalen Denken. Sie werden kritiklos und passiv. Die Persönlichkeit der Subjekte formt sich zu einem nach außen geleiteten am Markt orientierten Charaktertypen. Der Mensch versteht sich als Ware und verkauft sich selbst, dabei verändert er sich je nach Anforderung des Marktes. Hinzu kommt die Steigerung des Konsums ins unermessliche. Brauchte der Kapitalismus des 19. Jahrhundert sparsame Menschen so brauchte er im 20. Jahrhundert Menschen die ihr Geld ausgeben, konsumieren und jegliche Frustration in Form von Triebaufschub vermeiden. Die offene Autorität entwickelte sich zu einer verdeckten. Der Personalmarkt macht Individuen konformistisch, damit sie sich jeglicher Anforderung anpassen, der Selbstwert des vom Markt geleiteten Individuums definiert sich dabei aus den Zuschreibungen die Andere ihm geben.

Nun gilt es einen genauen Blick auf die Familienkonstellation zu werfen. Die Rolle der Mutter bleibt auch in den Nachkriegsjahren Großteils auf die Rolle der Reproduktion beschränkt. Ihre Aufgabe in der Kindererziehung ist es diese zu versorgen und entgegen deren Eigenarten sie bedingungslos zu lieben. Die Rolle des Vaters ist es in dessen Erziehung seine Liebe an Bedingungen und Verdienste zu knüpfen. Die väterliche Liebe und Aufmerksamkeit muss man sich verdienen, Gehorsam wird zur höchsten Tugend. In den ersten Kinderjahren ist die Erziehung viel mehr von der Mutter geprägt, erst nach dem sechsten Lebensjahr wird der Vater als lenkende Autorität wichtig. Der Mutter kommt die Rolle der Sicherheit dem Vater diese der Lenkung zu (vgl. Fromm 2015, S. 50 – 58).

Das Aufkommen von Moden und Trends in jeglicher Art führt in der gleichaltrigen Gruppen der Kinder und Jugendlichen zu einer Außenorientierung. Hinzu kommen die Prinzipien des Konsums, des Haben Wollens das von der Massenkultur propagiert wird. Kinder stehen den Versuchungen des Konsums und der „repressiven Entsublimierung“ die deren Bedürfnisse lenken in der gesellschaftlichen Entwicklung hilflos gegenüber. Die Auswirkungen auf die elterliche Erziehung werden deutlich, die Gesellschaft stellt ständig Anforderungen auf neue Bedürfnisbefriedigungen an die Eltern. Da diese Individuen braucht die konsumieren, kann solchen Prozessen durch Erziehung nur teilweise entgegengesteuert werden. Deshalb zeichnen sich Individuen im Gegensatz zu früher auch durch eine geringere Frustrationstoleranz in ihrer Bedürfnisbefriedigung aus.

Trotz Wechsel in der Charakterorientierung bleibt die Familie traditionellen Konstitution bestehen, erst in den sechziger und siebziger Jahren beginnt sich das Bild der Rollenaufteilung durch Emanzipationsbewegungen Rechtsbeschlüsse zu verändern und besonders in den neunziger Jahren und Anfangs des zwanzigsten Jahrhunderts fängt die Familienkonstellation selbst und mit ihr die Arten der Erziehung im Sinne von Mutter und Vater an zu bröckeln.

> *„Die Blütezeit der Kleinfamilie lag in den sechziger Jahren des zwanzigsten Jahrhunderts, als mehr als 90 Prozent der Deutschen im Laufe ihres Lebens heirateten. Um 1910 waren es nur etwa 40 Prozent, und heute ist die Zahl auf etwa 50 Prozent gesunken. Die Scheidungswahrscheinlichkeit einer Ehe erhöht sich ständig, die Wiederverheiratungswahrscheinlichkeit nimmt ab. (...) Uneheliche Geburten nehmen wieder zu, ebenso Lebensgemeinschaften ohne Trauschein (…), ebenso wie Einpersonenhaushalte (derzeit etwa 30 Prozent), und zwar keinesfalls bei verwitweten Personen. Zugleich nehmen Formen des nicht-familiären Zusammenlebens zu, es entstehen also wieder Haushaltsformen, die nicht durch Verwandtschaft konstituiert sind (…). Die Scheidungskurve hat ein Spitzenniveau erreicht, jede dritte Ehe wird per Gerichtsbeschluss liquidiert. Derzeit sind es gut zwei Millionen Kinder, die in sogenannten Ein-Elternteil-Familien leben, 1,8 Millionen*

bei der Mutter, etwa 260.000 beim Vater. (...) Was immer der Partnerwechsel an Freiheit und Möglichkeiten zur Selbstverwirklichung zu bitte vermag, die eigentlichen Trennungs- und Scheidungsopfer sind die Kinder. Die Wirklichkeit in einer Erosion begriffenen Familieninstitution, die als vorherrschendes Sozialisationsgefäß zu zerbrechen droht, stößt nicht zuletzt deshalb auf eine hartnäckige, mit biologisch-archaischen Versatzstücken befestigte Familienideologie, weil alternative Lebensformen, die zentrale Funktionen im Generationskonflikt durchaus angemessen erfüllen könnten, aus dem öffentlichen Bewusstsein gedrängt und rechtlich diskriminiert werden. In einer Zeit, in der verheiratete und nicht verheiratete Paare ihre Beziehung schneller und leichter wechseln als je zuvor in der Geschichte, wächst eine Millionenschicht an entrechteten auf, die schon früh Gewalt an Körper und Seele erfahren, weil sie zu Kampfobjekten geworden sind." (Negt 1999, S. 71f)

Dabei scheinen sich offen patriarchalische und autoritäre Strukturen in der familiären Erziehung langsam zu verändern. Die Familie selbst kann aber Sicherheit im Sinne traditioneller Form auch bei äußersten Konflikten nicht immer gewährleisten. Sie ist nicht mehr die Sozialisationsform die entgegen allen Anforderungen eine feste Position verspricht. Wiederum befindet sich auch ihr Versprechen auf Kontinuität im Wanken, da konkrete Bezugspersonen oft nicht mehr greifbar sind, weil z. B. in Ein-Elternteil-Familien die Mutter berufstätig ist. Neben der gesellschaftlichen Verinnerlichungsfunktion besitzt die Familie im Sinne Horkheimers auch die Funktion

„*emotionale Reserven zu bilden, Wärme und Nähe, die dazu befähigen, die kalte Realität und die Anpassungsleistungen mit ihren gegenüber den eigenen Wünschen schonungslosen Anforderungen zu ertragen, sie zu verarbeiten und zu bewältigen. (...) Dieses Spannungsverhältnis zwischen innen und außen wird nun in dem Maße problematisch, wie die bürgerliche Familieninsel durch das unmittelbare Eindringen gesellschaftlicher Mechanismen (Schrumpfen der Autoritätsrolle des Eltern, Einfluss der Medien, Eindringen der Kommunikationstechnologien usw.) die relative Autonomie des Schutzraumes verliert.*" (ebd., S. 92)

Demgegenüber sind Kinder vermehrt technischen Entwicklungen ausgesetzt, die bis ins innerste der Familie reichen und von denen man gelernte Umgangsformen bräuchte. Dabei wird Technik in vielen Haushalten zu einem Ersatz für Erziehung. Man denke hier nur an die Erfindung des Internets und dessen Dauerverfügbarkeit. So könnte man die Subjekte der heutigen Zeit als entwurzelte Individuen bezeichnen, weil sie durch die Familie und durch Technik Grenzenlosigkeit erfahren. Hinzu kommt der Einfluss des immer schneller produzierenden und grenzenlos agierende globalen Kapitalismus und mit ihm der immer höher steigende Konsumzwang. Dazu kommen Flexibilisierung und Individualisierung in der Arbeit, welche in dieser Abhandlung schon öfters beschrieben wurden. So kann man den heutigen Charakter als Marketing-Charakter bezeichnen, der sich mit Unsicherheit, Grenzenlosigkeit, Flexibilisierung und unerschöpflichen Möglichkeiten paart. Daraus kann man Anforderungen für sekundäre Sozialisationsinstanzen formulieren, die unabdingbar für eine positive Entwicklung der Gesellschaft sind.

> *„So wird die Frage für eine Gesellschaftsordnung, die sich ihre demokratischen Strukturen bewahrheiten will, immer dringender: Sind die alten Familienstrukturen heute noch im Stande, Menschen auf der ersten Stufe ihrer Vergesellschaftung zu befähigen, mit Situationen umzugehen, die den egozentrischen Machtanspruch, den jedes Kind durch seine Triebdynamik mitbringt, brechen helfen, in zivilisatorische Formen umwandeln? Wie und wo lernen Kinder, die nicht schon sehr früh mit anderen ihres gleichen, Geschwistern oder Fremden, in den konkreten Alltagssituationen konfrontiert sind, das Teilen? (…) Wo können Kinder (…) Tugend heute lernen, wenn in den emotional überhitzten Konflikten der Erwachsenen – aufs äußerste durch Trennungsszenarien verschärft – jedes Maß des abwägenden, rationalen Umgangs verletzt ist? Wo bleibt das Gemeinwesen, wenn es schon in den primären Lebensverhältnissen keinen gesicherten und verläßlichen Bildungs- und Orientierungsort mehr hat?“* (ebd., S. 75f)

Um eine verkürzte voreilige Antwort zu geben, um solchen Anforderungen gerecht zu werden, braucht es neben neuen Formen des Zusammenlebens, die Veränderung von sekundären Sozialisationsinstanzen wie Schule und sozialpädagogischen Einrichtung hin zu Erfahrungsräumen für Kindern und Jugendlichen, in denen sie sich in ihrer gesamten Persönlichkeit zusammen mit Gleichaltrigen und Erziehungspersonen entfalten können und Beziehung erfahren dürfen, ohne Leistungsdruck und Konkurrenz.

Die Pädagogik des aufrechten Ganges

Negt antwortet der gesellschaftlichen Erosionskrise mit einer eigenen Pädagogik des aufrechten Ganges. In dieser versucht er die Sozialintegrationsthese von Habermas, die Erziehung zur Mündigkeit von Adorno, die soziologisch-historische Konstitution der Familie, die Theorie der Halbbildung, seine exemplarische Lerntheorie und die ökonomische Rationalisierung zu einer umfassenden Kritik der Schule als unzeitgemäßes Herrschaftssystem zu verbinden. Ausgangspunkt seines Denkens ist, dass sich Schule in einer Zeit in der ein Arbeitsplatz nicht mehr mit Sicherheit garantiert werden kann als Institution selbst in Frage stellt. Diente sie noch vor einigen Jahrzehnten dazu Individuen durch Bildung und Disziplinierung in die Arbeitswelt zu integrieren, kann besonders erstere Funktion nicht mehr garantiert werden. Zivilisierung als Funktion bleibt unter wachsenden Aggressionsneigungen von Kindern und Jugendlichen jedoch erhalten.

> *„Die heutige Staatsschule ist durch eine widersprüchliche, ja zum Zerreißen gedehnte Situation gekennzeichnet: Auf der einen Seite richten sich zunehmend Erwartungen auf die Schule, durch Bildung und Lernen Probleme zu lösen, die sich aus der Funktionsuntüchtigkeit anderer Einrichtungen der Gesellschaft ergeben, zum Beispiel des Erwerbssystems. (…) Qualifizierung, Kompetenz, flexibles Lernen, schnelle Umschulungen, geistige und psychische Beweglichkeit – all das drückt hohe Erwartungen aus, die in den Grundbedingungen für Qualifikation und Lernen überwiegend von der Schule erfüllt werden sollen. Auf der anderen Seite wird immer deutlicher, daß die vorhandenen Strukturen der Staatschulen gerade das, was geschichtlich erforderlich wäre, nicht leisten können. Überforderung und Leistungsmängel, selbst in der traditionellen Vermittlung herkömmlicher Kulturtechniken (Lesen, Schreiben, Rechnen), führen zu einer inneren*

> *Erosion des Systems, was zwei schwerwiegende Folgen hat: die wachsende Gewaltbereitschaft der Kinder und Jugendlichen und die Tendenzen zur Demotivation im Lernen.*" (ebd., S. 115f)

Dabei ist das bisher herrschende Konzept der Grundschule in ihrer Grundstruktur eine egalitäre Illusion, da es vorgibt alle gleich zu behandeln und dadurch die in den unterschiedlichen Lernmilieus erzeugten Differenzen in der Charakterstruktur der Kinder zu untergraben versucht. Dabei sind wieder solche Kinder im Vorteil, die in ihrer Primärsozialisation differenzierte Formen der Realitätsaneignung entwickelt haben. Die immer weiter anwachsende Polarisierung zwischen Arm und Reich erschüttert in diesem Sinne auch die öffentlich proklamierte Chancengleichheit und beraubt den Kindern ärmerer Schichten deren Entfaltungs- und Entwicklungsfähigkeiten.

> „*Der Staat -in der Angst befangen, die Kontrolle über das öffentliche Erziehungs- und Lernsystem zu verlieren, und nicht bereit, pädagogische Autonomie konsequent herzustellen – hält mangels eigener Gestaltungskraft das Schulsystem in einem reformfeindlichen Schwebezustand. Die in diese Institution hineinwirkende widersprüchlichen Kräfte auszugleichen und den normalen Arbeitstag funktionsfähig zu halten, verzehrt einen großen Teil der Balancearbeit von Lehrern.*" (Negt 2014., S. 119)

Der Begriff der Intelligenz wird in unserer heutigen Zeit selbst zur Ideologie, in dem er versucht Möglichkeiten eines Individuums jenseits von sozialen Kategorien vorherzusagen. Dabei ist dieser selbst ein sozial konstruierter Begriff der in seiner Ausformulierung von Intelligenz begrenzt ist. Natürliche Anlagen sind niemals trennscharf von gesellschaftlichen Anteilen der Prägung zu trennen. Die natürliche Begabung kann man nur als Potenzial auslegen, über dessen Entfaltungsmöglichkeiten die gesellschaftliche Struktur bestimmt. Hinzu kommt die Erosion der Familie, die nach einer Einbindung von Kindern und Jugendlichen mit ihrer gesamten Persönlichkeit in sekundären Sozialisationsinstanzen verlangt, um Beziehung in einem umfassenderem Sinne zu ermöglichen. Dabei hat die gesellschaftliche Erosion einen Orientierungsnotstand bei Kindern und Jugendlichen ausgelöst, die sich zu einer Suchbewegung entwickelt hat. Der Schule und mit ihr der Bildung kommt dabei die Rolle zu Kindern und Jugendlichen zu helfen sich in einer Welt der Umbrüche zu orientieren. Um der Komplexität der heutigen Verhältnisse gerecht zu werden, muss Bildung und Lernen, Sachwissen und Orientierung ermöglichen. In unser heutigen Gesellschaftssituation tritt besonders letztere in den Vordergrund, da Sachwissen in einer digitalisierten Welt ständig abrufbar bleibt. Ist im Kindesalter neben der Familie die Schule eine der wichtigsten Sozialisationsinstanzen, so gewinnen im Jugendalter außerschulische pädagogische Einrichtungen wie das Jugendzentrum/ der Jugendtreff eine wachsende Bedeutung für Jugendliche, die sich auf der Suche nach Orientierung befinden.

Das Konzept der Mündigkeit wird dabei in der Kindheit als auch in der Jugend als unumgängliche zu lernende Voraussetzung der Orientierung verstanden. Um Kant gerecht zu werden und seinen Verstand im Sinne der Aufklärung benutzen zu können (vgl. Kant 2004, S. 5), braucht es Erfahrungsräume, exemplarische Bildlich- und Begrifflichkeit. Erfahrung setzt jedoch voraus eigenes Wissen durch Erprobung zu generieren und nicht rein vorgefertigtes Wissen auf entfremdete Weise eingetrichtert zu bekommen (vgl. ebd.). Bildung und Lernen sind in der Schule Opfer betriebswirtschaftlichen Verwertungszwangs, der Entfremdung produziert, dabei wird Wissen von ihrem eigentlichen Entstehungszusammenhang abgekoppelt. Ganzheitliches Lernen kann nur unter dem Gesichtspunkt von exemplarischem Erfahrungslernen entfaltet werden.

> *„Im exemplarischen Lernen geht es um verdichtetes Zusammenhangswissen. Es sprengt die bloße Akkumulation von Informationen auf, indem es Kriterien der Gewichtung und der Anwendungszwecke formuliert. Nur durch exemplarisches Lernen, das sich auf die Entfaltung der Sachverhalte und die konkrete Subjekt-Objekt Dialektik einlässt, also nicht bloß als allseitig anwendbare Methode benutzt wird, ist heute noch Bildung möglich. Diese Form der Bildung verliert freilich sofort ihre Substanz, wenn sie in irgendeiner Weise in einen elitären Elfenbeinturm gesperrt wird, der in wertefreier Distanz zu den Konflikten und Strukturverhältnissen der Gesellschaft steht. (…) Damit aber ein durch soziales, emotionales und kognitives Lernen bestimmter Erfahrungsraum entstehen kann, ist es erforderlich, dass die betriebswirtschaftliche Enge der Kommunikation und die Angst vor Versagen aus der Schule verdammt werden.“* (ebd., S. 34f).

Dabei sollte auch der Raum so konstituiert sein, dass Lernen und Erfahrung an dessen Struktur gekoppelt werden kann. Dazu gehört eine Kind gerechte Architektur in dem Kinder ihre Phantasie entfalten können. Der Erfahrungsraum Schule ist deshalb auch ein Raum der Gestaltungsmöglichkeiten bietet, verwinkelte statt überschaubare Räume besitzt und unfertiges und verschiebbares Material miteinkalkuliert, damit Räume angeeignet werden können. Eine Schule im Sinne Negts zeichnet sich dadurch aus, dass der Bruch zwischen Familiensozialisation und Schule weitgehend eingedämmt wird, um den Schulschock den viele Kinder bei der Einschulung oder dem Eignungstest erleiden, zu verhindern. Dieser Bruch in der Sozialisation des Kindes ist dadurch gekennzeichnet, dass diese ihren eigenen Produktionsmitteln enteignet werden.

„-spielen, Freundschaften schließen, phantasieren, sich zwangslos sprachlich verständigen-, wird plötzlich, sobald es nicht in das Raster objektivierbarer Leistungen passt, stigmatisiert zur Störung, wird zum Gegenstand von Strafandrohungen und Strafen.“ (ebd., S. 66) Ohne die Entwicklung des sozialen und emotionalen Unterbaus sind jedoch langfristig Störungen des kognitiven Lernens unvermeidlich. Deshalb braucht eine Schule die den heutigen gesellschaftlichen Anforderungen gerecht werden will, eine Umdefinition des Leistungsbegriffs. Kinder werden in einer nach dem Leistungsprinzip organisierten und rationalisierten Gesellschaft als öffentlicher Störfaktor (Unangepasstheit und Lautstärke) wahrgenommen. Dementsprechend ist es unabdingbar den Kindern in den Schulen eine Kinderöffentlichkeit zuzusprechen in dem sie sich durch Eigensinn und Erfahrung entfalten können. Genau dasselbe passiert mit Jugendlichen die ihre Grenzen in der Gesellschaft suchen, sie werden ausgegrenzt, weil es keine Aneignungsräume mehr gibt. Deren Erfahrungsraum als Jugendöffentlichkeit wird dann meistens auf das Jugendzentrum beschränkt, obwohl dieses in seiner räumlichen Begrenztheit, Erfahrung nur in einer gewissen Form ermöglicht, soziale Lernprozesse aus der Öffentlichkeit verbannt und auf einen einzelnen sozialen Raum verweist. Folgend müssen Konflikte und Widersprüche, die sich in primären Sozialisationsbereichen ergeben in das schulische Geschehen aufgenommen werden um eine Entschulung der Schule selbst zu erreichen (vgl. ebd.).

Der Unterschied zwischen einer Sozial geöffneten- und einer herkömmlichen Schule

„besteht (...) in der Veränderung dessen, was Lernen und Leistungen in ihrer ganzen Komplexität für den Aufbau der Persönlichkeit bedeuten. Eine auf die Grundausstattung der Gesamtperson bezogener Leistungs- und Lernbegriff setzt eine Konkretisierung des Verhältnisses zwischen dem schulischen Vergesellschaftungsprozess des Kindes und der gesellschaftlichen Wirklichkeit voraus". Es „wird immer deutlicher, dass die von Inhalten abstrahierende Regelbeachtung bei den meisten produktiven und administrativen Tätigkeiten zu einer Lähmung führen würde, wenn es in der täglichen Praxis nicht ein erhebliches Maß an Selbsttätigkeit, Selbstorganisation und Selbstbestimmung gäbe." (ebd., S. 69)

Lesen hat sich dabei zu einer sozialen Kulturtechnik entwickelt, die in der gesamten Gesellschaft zu einer unumgänglichen Wichtigkeit gekommen ist. Es ist für Kinder unvermeidlich in einem gewissen Stadium ihrer Entwicklung (bis ins Alter von neun Jahren) lesen zu lernen und es bedarf nur einer gewisse Förderung des ursprünglichen Neugierverhaltens um es zu verstärken (vgl. ebd.). Dabei ist das Beibringen von Rechnen und Schreiben in differenzierterer Form anzugehen, da es nicht mehr so leicht ist genügend reale Situationen aufzuzeigen wo diese Kulturtechniken angewandt werden müssen. Rechnen und Schreiben verliert durch technische Vermittlung von Maschinen (Kommunikation durch digitalisierte Medien wie Handy und Skype und Rechenmaschinen oder Taschenrechnern) dabei oft den Sinnzusammenhang für Kinder.

Gleichwohl gilt es die Entwicklung kognitiver Fähigkeiten, emotionaler Kompetenzen und des sozial Verhaltens in deren Zeitstruktur zu differenzieren (vgl. ebd.). In Bezug darauf würden exemplarisches Lernen, Projektunterricht und Formen der Selbstregulierung für eine neue Schule zu Grundsäulen des Lernens. Die Dialektik von Nähe und Distanz und die Dialektik von Selbstregulierung und Strukturierungsarbeit werden zu Grundanforderungen von gelingenden Erziehungs- und Lernprozessen.

„Die Schule als Zwangsapparat setzt die Existenz von autoritär oder durch Tradition vermittelbaren Normen und Verpflichtungen voraus. In einer Erosionskrise dagegen ist, wie ich nachzuweisen versucht habe, demokratische Selbstregulierung von Erziehung und Lernen ein wesentliches Gelingen pädagogischer

> *Arbeitsprozesse. Ganz abgesehen von den Zwecken und Zielen, die der demokratische und soziale Rechtsstaat vorgibt, ist die demokratische Schule in einer Erosionskrise zunehmend nicht nur für die fachliche Qualifikation von Kompetenzen und Orientierung verantwortlich. (…) Herstellung von Zusammenhang im Lernen, Vergrößerung der Autonomiefähigkeit des Menschen, Aufhebung Vorurteilen, Mut, Toleranz, Geduld im Aushandeln von Kompromissen.*" (ebd., S. 79)

In diesem Sinne sieht Negt auch Adornos kategorischen Imperativ das Ausschwitz sich wiederholt zu verhindern, verwirklicht. Da eine Schule, die ein selbstbestimmtes und selbstreguliertes Gemeinwesen fördert auch dabei hilft Vorurteile gegenüber Minderheiten zu überwinden. Diesbezüglich stützt der Lernbegriff der kognitives, emotionales und soziales Lernen in gleichgewichtigen Dimensionen zu fassen versucht eine solche Entwicklung. Es ist zu beachteten, dass ein solcher Lernbegriff keine lineare Zeitstruktur besitzt, sondern sich deren Entwicklung in unterschiedlichen Zeitrhythmen entfaltet. Die zu erlernenden Kompetenzen verschieben sich dahingehend, dass es in einem medial und technisch vermittelten Zeitalter nicht mehr so wichtig ist Informationen anzuhäufen, sondern diese zu verarbeiten. „*Exemplarisches Lernen hat qualitative Zeitrhythmen, die mit einem formalisierten Dreiviertelstundentakt völlig unvereinbar sind*" (ebd., S. 86). Auch das kultivieren von Konkurrenzkämpfen fördert Lernprozesse nicht so sehr wie das von Staatsschulen angenommen wird und Benotung kann nur objektivierbare Leistungen bewerten. Deshalb sollten subjektive Leistung viel mehr an Gewicht gewinnen in denen z. B. die Bereitschaft lernschwachen Kindern zu helfen gefördert wird. Das Lernen von Selbstregulierung wäre ein wichtiges Prinzip der Persönlichkeitsbildung, das durch reflektierte Interventionen und Strukturierungen gefördert werden kann. Der Selektionsblick würde in diesem Sinne einem Blick auf soziale Leistungen und individuelle Entwicklung weichen.

> „*Eltern können zwar in schulischen Prozessen mitarbeiten, aber vieles, was die Kinder auch lernen müssen, zum Beispiel das Teilen, das Eingehen von Kompromissen, ein konfliktorientiertes Lernen, ohne dass sich daraus Trennungen und Absonderungen ergeben, kann heute in der familiären Erziehung nicht mehr vor-*

> *ausgesetzt werden – angesichts der wachsenden Zahl von Trennungsfamilien und Ein-Kind-Familien.“* (ebd., S. 89)

Nach Negt steht unsere Zivilisation heute am Scheideweg. Es gilt sich zu entscheiden ob die Schule so weitermachen soll wie bisher und eine Institution der entfremdeten Wirklichkeit bleibt oder sie von Grund auf reformiert wird und sich öffnet für die Persönlichkeit des Kindes.

> *„Soll die Schule nicht zu einer Selektionsinstitution herabsinken, in der die gesellschaftliche Polarisierung zementiert wird und die Kinder möglichst frühzeitig nach künftigen Gewinnern und potentiellen Verlierern sortiert werden, dann muss sie aus dem bestehenden Herrschaftsgefüge herausgebrochen und zu einem wahrhaft menschlichen Erfahrungsraum werden.“* (ebd., S. 13)

Die Ökonomisierung der Sozialpädagogik

Wie sich die zweckrationale Organisation der Gesellschaft auf die Schule auswirkt haben wir in den vorhergehenden Kapiteln schon öfters ermittelt. Eine Aussage Negts soll das bisher gesagte in Bezug auf die Rationalisierung der Schule zusammenfassen und dabei auf die Ökonomisierung von Sozialpädagogischen Institutionen und Sozial Arbeit überleiten.

> *„Die auf betriebswirtschaftliche Zeitmaße und Zweckrationalität zugeschnittene Definition der Realität erdrückt zunehmend jene Produktionsvorgänge, die es mit lebendiger Arbeit und Persönlichkeitsbildung zu tun haben. Indem die mit Zeitnot verbundene Reduktion gesellschaftlicher Vernunft in alle sozialen Bereiche eindringt, werden auch Schulen und andere Ausbildungsinstitutionen im Sinne dieses Rationalisierungsgebarens immer stärker Autofabriken und Dienstleistungsunternehmen angenähert. Die nahezu totalitäre Ausdehnung betriebswirtschaftlicher Normen und Denkweisen auf alle kulturellen Bereiche der Gesellschaft errichtet entscheidende Stützpfeiler des bestehenden Wirtschaftssystems“* (Negt 2014, S. 18)

vor denen sich im Hintergrund einer globalisierten Welt auch der Sozialstaat und mit ihm die Sozialpädagogik nicht retten kann. Nun wird es wichtig nachzuzeichnen was mit der Sozialpädagogik passiert wenn sie sich nach den Mitteln der instrumentellen Vernunft organisieren muss. Dazu gilt es zu illustrieren welche Faktoren die Sozialpädagogik überhaupt in eine solche Position drängen. Es ist zu erwähnen, dass sich diese Kapitel auf eine funktionalistische Analyse der Sozialpädagogik im Sinne der Kritischen Theorie beschränkt, jedoch nicht auf einzelne sozialpädagogische Disziplinen oder deren Institutionen eingehen kann, da dies den Rahmen dieser Arbeit sprengen würde.

Allen voran führt besonders die allmähliche Auflösung des Sozialstaates und dessen Entgrenzung durch die Globalisierung dazu, dass sich sozialpädagogische Institutionen und die Soziale Arbeit im Allgemeinen mit Profitmaximierung und Kosten- Nutzenabwägungen beschäftigen müssen. Der Sozialstaat wird in einen Transnationalen Konkurrenzkampf gesogen, in dem Konzerne nichtmehr von einzelnen Sozialstaaten beschränkt werden können und somit die soziale Integration aller Adressaten/Innen nicht mehr ermöglichen kann. Das weltweit agierende Kapital ist nicht einzudämmen, „*Unternehmen produzieren Supranational bis Suprakontinental. Die mächtigen Konzerne sind nicht mehr bereit hohe Steuern für das Gemeinwohl zu zahlen und drohen mit Auslagerung*“ (Greis 2017, S. 6). In diesem Zusammenhang kommt es zu einer Entbettung von ökonomischen Entscheidungen, die die sozialen Verhältnisse und Begebenheiten in denen die sozialpädagogische Praxis sich abspielt nicht berücksichtigen.

> „*Was die Globalisierung dabei so folgenreich und für den nationalen Staat so bedrohlich macht, ist die Entwicklung , in der sich - zunehmend unabhängig gegenüber nationalstaatlicher Regulation - ein eigenständiger internationaler Regulationsmechanismus über das internationalisiert Finanzkapital und die Finanzmärkte gebildet hat, der die Kapitalströme lenkt und über die internationale Wirtschaftsentwicklung, die Investitions- und Beschäftigungsverteilung mit national nachhaltigen (weil strukturellen) Folgen entscheidet.*“ (Böhnisch /Funk 2013, S. 54)

Dabei setzt die Globalisierung neue Formen der Entfremdung frei, die Flexibilisierung, Polarisierung und Abkopplung erzeugen und mit denen sich die Sozialpädagogik beschäftigen muss. Hinzu kommt „*die medial vermittelte Entgrenzung von Raum und Zeit und die ungemeine Beschleunigung die Innovation und Technik in Verbindung mit dem Kapitalismus verursachen." (Greis 2017, S. 6)* Unter Flexibilisierung wird im Sinne Negts die Selbstoptimierung des Individuums in Form einer Ich-AG bezeichnet, unter Polarisierung wird die wachsende finanzielle Ungleichheit zwischen Arm und Reich, die Individualisierung und die Entfremdung zwischen Politik und Individuen verstanden und unter Abkopplung die Verwirklichung der Dreiteilung der Gesellschaft. Wiederum stellen die immer weiter wachsende Kluft zwischen Arm und Reich, Arbeitslosigkeit und die Fragmentierung der Psyche, welche unter anderem Flexibilisierung und Beschleunigung der Gesellschaft auslösen neue Herausforderungen an die Sozialpädagogik, die durch die sozialstaatlichen Einsparungen nicht mehr nachhaltig gelöst werden können. In Bezug darauf gehören Adressaten/Innen der Sozialpädagogik immer mehr zu Verlierern der Globalisierung (vgl. Böhnisch / Schröer 2011, S. 24). Gegenüber solchen Entwicklungen die eine gewisse Ohnmacht in den Menschen erzeugt sehen sich immer mehr von der Politik missachtet. Es herrscht Frustrationen im Hinblick auf Arbeitslosigkeit, Fragmentierung und den Abbau des Sozialstaates. Systemische Fehler verweisen dabei immer auf das Individuum, jedoch nicht auf die fehlerhafte Funktion des Systems selbst.

Um die Sozialpädagogik und ihre Rolle gegenüber der Wirtschaft verstehen zu können gilt es im Sinne Kritischer Theorie, deren Enstehungszusammenhang zu rekonstruieren und auf deren sozioökonomischen Veränderung hinzuweisen. Auf diese Entwicklung habe ich bereits in einer meiner früheren Arbeiten hingewiesen, deshalb wird diese hier ausführlich zitiert:

> *Am Anfang der Entwicklung der Sozialpädagogik im 19. Jh. stand sie einer extremen Ungerechtigkeit gegenüber, die durch den liberalistischen Kapitalismus verursacht wurde. Helfen wurde zum Beruf um das unheimliche Leid welches der Kapitalismus verursachte zu mildern. Toynbeehall und Hull House waren soziale Auffangbecken in denen Migranten/Innen, Siedler/Innen und Arme zentrale Fertigkeiten gelehrt bekamen und billig Unterkünfte sowie Essen zu Verfügung gestellt wurden. Das Altamount Hotel war Vorreiter in der sozialpädagogischen Einzelfallhilfe, deren Kerngedanke es ist im Umgang mit den Lebensverhältnis-*

> *sen einzelner soziale Probleme zu verbessern (vgl. Müller 1988). Dies sind nur einige wenige Beispiele, die die Rolle der Sozialpädagogik in ihrer Anfangsphase widerspiegeln. Die Sozialpädagogik war ein reaktionäres Konstrukt, welches versuchte die sozial und kulturell verursachten Fehler des Kapitalismus zu bekämpfen und sie zu verbessern in dem sie gegen Armut und Leid ankämpfte. Sie war nicht darauf aus die herrschenden Verhältnisse der Ungerechtigkeit abzuschaffen, sondern sie zu korrigieren. Sozialpädagogische Institutionen handelten damals aus der tief wurzelnden ethischen Überzeugung heraus, dass der Mensch in sich eine Würde besitzt die Angesichts eines Kapitalismus der unheimliche große soziale Missstände verursacht, verteidigt werden muss. Dies ist der zentrale Punkt sozialpädagogischer Ethik in allgemeinen, jeder Mensch besitzt eine Würde die jenseits seiner sozialen, kulturellen, ökonomischen Begebenheiten besteht und gegen unmenschliche Verhältnisse geschützt werden muss.* (Greis 2017, S. 5)

Hier überschneidet sich die Ethik der Sozialpädagogik unmissverständlich mit dieser Negts, der sich selbst als Sozialphilosoph versteht der Verhältnisse des Menschen aufzudecken versucht in denen er seiner Würde beraubt ist.

Nun gilt es aber zu verstehen wie sich dieses ethische Verständnis der Sozialpädagogik durch die Aufhebung des Sozialstaats und den globalisierten Kapitalismus zersetzte. In der Entwicklung vom 19. bis ins 20 Jahrhundert hat sich die Sozialpädagogik als Disziplin und Institution gefestigt. Sie entwickelte unzählige verschiedene Richtungen. Hauptsächlich in ihrer sozialstaatlichen Vermittlung diente sie dazu gesellschaftliche Fehler auszubessern, die sich intrafamiliär, intrapsychisch, erzieherisch, soziotopografisch zeigten (um nur einige zu nennen). Hinzu kommt die Jugendarbeit die der Jugend eine erzieherische Einrichtung gewährleistete in der sie sich altersspezifisch entfalten konnte, aber auch dazu diente die Gefahren des Jugendalters direkt oder indirekt zu entschärfen (Drogenkonsum usw.). Das heißt nicht, dass der Kapitalismus keinen Einfluss mehr auf die Gesellschaft hatte, die Nachkriegszeit ist eine vollständig verwaltete Welt, die die Individuen durch Konsum und Arbeit total entfremdete. Aber soziale Ungerechtigkeiten die sich direkt auf die Soziale Arbeit auswirkten wurden abgeschwächt.

Erst ab den 1980iger Jahren gerät der Sozialstaat ins Wanken in dem er allmählich in den Sog der Globalisierung und mit ihr Flexibilisierung, Polarisierung, Abkopplung, Endbettung von Entscheidungen, Beschleunigung und Entgrenzung von Raum und Zeit gedrängt wird. Im Gegensatz zur Anfangszeit der Sozialpädagogik entwickelt sie sich Angesicht eines von seinen Begrenzungen befreiten Kapitalismus zu einem System das Integrationsmechanismen stützt. Sie wird zu einem Mechanismus, der die systemische Produktion der Ungerechtigkeit aufrecht erhält, weil Menschen denen geholfen werden soll zu Mitteln anstatt zu Zwecken werden. Damit befinden sich die ethischen Prinzipien der Sozialpädagogik strukturell im auflösen, auch wenn Sozialpädagogen/Innen Individuell daran festhalten. Die Würde des Menschen wird unter den Zwecken der Verwertbarkeit und Optimierung aufgegeben.

Aber was heißt das nun konkret für die Praxis der Sozialpädagogik? Durch die Neoliberalisierung des Marktes und Entgrenzung des Sozialstaates muss sie sich einer Logik fügen, die an Nutzenmaximierung und Effizienz (Minimalprinzip) orientiert ist. Das heißt in die Logik der Sozialpädagogik integriert sich die Logik der Betriebswirtschaft und mit ihr die Prinzipien des Marketing: Finanzmanagement, Qualitätsmanagement und Personalmanagement (vgl. Seithe 2012, S. 196). Diese sind den eigentlichen Prinzipen der Sozialpädagogik entgegengesetzt. Jene wurzeln im Humanismus, des Helfens um des Menschen willens. Durch die Ökonomisierung wird die Sozialpädagogik als Disziplin zum Mittel, das dem Ziel Gewinnmaximierung unterliegt. Eine solche Art der Sozialpädagogik kann man im Sinne Adornos als geschädigte Sozialpädagogik bezeichnen (Adorno hat in seiner Minima Moralia auf das geschädigte Leben hingewiesen, in dem jegliche menschliche Regung vom Markt verschlungen wird), da sie ihrem eigentlichem Ziel dem professionellen Helfen nach den Bedürfnissen des Menschen entfremdet wird. Man kann von einer Standarisierung der Ware Sozial Arbeit – Sozialpädagogik sprechen, die sich ganz im Sinne Marcuses auch in ihren Kommunikationsprozessen mit den Subjekten (Adressaten/Innen) verkürzt.

Sie negiert sich sogar selbst, der Gedanke des Sozialen löst sich auf, was bleibt ist eine Marktzentrierung die sie von einer anderen Arbeit nicht mehr unterscheidet. Sie macht sich zu einer reinen Dienstleistung. Lothar Böhnisch und Wolfgang Schröer sprechen in diesem Zusammenhang von einer Ökonomisierung der Sorge, in der sich nur solche eine Versorgung verdienen die auch die monetären Mittel dafür aufbringen können (vgl. Böhnisch /Schröer 2007, S 47 – 54). Auch solche Sozialpädagogik welche sich in Unternehmensprozessen integriert um die Leistungsfähigkeit von Arbeitern zu maximieren ist geschädigt. Sie begibt sich in ein reaktionäres Paradox in dem einzig Schäden des Kapitalismus ausgebessert werden und verliert dadurch die kritische Distanz zur Ökonomie. Selbst die sozialstaatliche Sozialarbeit gerät durch Einsparungen, Reduzierungen und Personalveringerungen unter einen wirtschaftlichen Druck, in dem nach Zeit gearbeitet wird und Adressaten nicht mehr optimal versorgt werden können. All jene die sozial benachteiligt sind *„werden zu den Verlierern des Globalisierungsprozesses."* (Böhnisch/ Schröer 2011, S. 18)

Insgesamt ist eine Diskrepanz in der gesellschaftlichen Entwicklung der Sozialpädagogik zu beobachten, einerseits vergrößert sich in Krisenzeiten der Bedarf nach Hilfe, andererseits werden Stellen in Sozialeinrichtungen abgebaut. Wiederum richten sich private sozial Unternehmen nur an die Menschen, die die notwendigen Geldmittel auftreiben können. In diesem Sinne begibt sich die Sozialpädagogik in eine sogenannte Optimierungsfalle in der sie entgegen ihrer eigenen Werte Menschen durch Rationalisierung und Abwägung von Kosten und Nutzen verdinglicht und somit ihre eigenen ethischen Grundsätze aufhebt. Also ist sie durch Ökonomisierung dem Risiko der Demoralisierung und der Prinzipienauflösung ausgesetzt.

Wie kann und muss solchen Entwicklungen im Sinne der Sozialpädagogik entgegengesteuert werden? Erstmals ist es erforderlich sich den Widerspruch zwischen sozialarbeiterischer Ethik und struktureller Rationalität des Marktes bewusst zu werden. Es ist wichtig zu erkennen, dass die Richtung in der die Gesellschaft zusteuert im Sinne der Sozialpädagogik nicht akzeptierbar ist. Hinzu kommt die wachsende kulturelle Erosion der Gesellschaft wie sie Negt antizipiert, die dazu führt, dass Individuen zunehmest entwurzelt werden. Sozialpädagogisch muss es zukünftig eine unabdingbare Aufgabe sein, diese strukturellen Wiedersprüche an denen sie an vorderster Front agiert in das Bewusstsein der Gesellschaft zu rufen. Um der sozial vermittelten Ideologie, dass das Individuum allein schuld an seinem sozialen Scheitern hat, entgegen steuern zu können. Daran Anknüpfend gilt es sich die Ethik der Sozialpädagogik wie sie im 19. Jh. zu deren Entstehung beigetragen hat neu bewusst zu machen und diese durch den Imperativ der sozialen Verantwortung zu erweitern.

Die Sozialpädagogik hat in gegenwärtiger Form ihrer Institutionen eine unheimliche Macht das bestehende Herrschaftsgefüge der gesellschaftlichen Wirklichkeit zu stützen. Sie hat mehrere Mandate denen sie Rechenschaft ablegen muss: dem Individuum in Form des Adressaten/In, der Profession an sich und der Gesellschaft in Form des staatlichen Rechtsystems. Ziel der Sozialpädagogik ist im Sinne des Humanismus den Menschen zu helfen ein würdevolles Leben zu ermöglichen.

Wenn die gesellschaftliche Reproduktion jedoch zu einer Situation führt die für die Sozialpädagogik in ihrem ethischen Verständnis nicht akzeptierbar ist, muss sich die Verantwortung in die Richtung des Individuums verschieben, da dies auch im Interesse der Profession steht. Die Sozialpädagogik muss sich zu einer Lobby formieren, die sich dezentral über die Grenzen des Nationalstaates hinaus organisiert und die Würde des Individuums in einer entgrenzten destabilisierten Gesellschaft verteidigt. Darüber hinaus ist die Formierung gesamt europäischer Standards unabdingbar. Natürlich ist in diesem Sinne auch eine zivilgesellschaftliche Aktivierung, die gesellschaftliche Missstände thematisiert von großer Wichtigkeit. Die Sozialpädagogik treibt also die Individuen im Sinne von Empowerment an ihre gesellschaftliche Situation selbst zu ändern.

Die Sozialpädagogik würde sich somit zu einer Profession entwickeln, die an strukturellen Missständen agiert aber auch deren Veränderungen herbeiführt. Damit wird deren reaktionäres Bewusstsein um eine revolutionäre Komponente erweitert. Als wirkliche Sozialpädagogik kann man im Sinne der Kritischen Theorie nur solche bezeichnen, die entgegen der Hilfe in individuellen Konflikten -die sozial vermittelt sind- auch deren strukturellen Ungerechtigkeit zu verändern anstrebt. Ansonsten macht sie sich einer Repressiven Toleranz schuldig, wie Marcuse sie beschrieben hat. Sie wähnt sich derzeitig in einer Doppelmoral die zwar an gesellschaftlichen Brennpunkten agiert, an deren Auflösung jedoch nicht interessiert ist, weil sie deren professionelles Existieren erst rechtfertigt.

Konsumkritik im Hinblick auf die Pädagogik

Fromm hat früh erkannt, dass in der spätkapitalistischen Gesellschaft Konsum als Integrationsmechanismus fungiert. Dieser verhilft dazu den Anschluss an die Gesellschaft zu finden und vermittelt Lebensstile für unterschiedliche Einkommensklassen. Er wird zu einem Symbol von Zugehörigkeit, welches besonders im Kindes- und Jugendalter in Form von Peergroups eine nicht zu unterschätzende Bedeutung erlangt. Dabei ist das Gefühl dazu zu gehören dadurch vermittelt, dass es dieselben Produkte in teuer und billig gibt, also sich auch Kinder und Jugendliche deren Eltern Niedriglöhne erhalten vorgegaukelte Lebensstile aneignen können. Daran anknüpfend steht der zunehmende Verlust von moralischen Einschränkungen die uneingeschränkten Konsum verurteilen.

> *„Es gibt die traditionellen Schranken nicht mehr, die jemand davon abhalten könnten, irgendetwas, wonach ihm gelüstet, zu kaufen. Er muss nur das Geld dazu haben. Aber mehr und mehr Menschen verfügen über dieses Geld – vielleicht nicht gerade für echte, aber doch für synthetische Perlen; sie können sich Fordwagen kaufen, die wie Cadillacs aussehen, oder billige Kleider, die wie teuer aussehen, oder Zigaretten, und zwar die gleichen Marken, die auch der Millionär raucht. (…) Wir brauchen Menschen, die reibungslos in großen Gruppen zusammenarbeiten; die mehr und mehr konsumieren möchten, und deren Geschmack standarisiert und leicht zu beeinflussen und vorauszusagen ist" (2011b, S. 97f). Der eigene Wagen, der Kühlschrank, der Fernseher sind nicht nur zum praktischen Gebrauch bestimmt, sie erhöhen auch das Ansehen des Besitzers. Sie heben seinen Status."* (ebd., S. 117)

Gleichzeit ist auch die Marke die konsumiert wird von einer unumgänglichen Bedeutung für das Individuum um Anschluss an einer Gruppe zu finden. Sie verhält sich so ähnlich wie das Ticket, welches Adorno im Hinblick auf den Antisemitismus beschrieben hat. Hat damals das rassistische Gedankengut den Anschluss an eine gewisse Gruppe oder Gesellschaft garantiert, ist es heute der Konsum. Darüber hinaus manifestiert sich in diesem Zusammenhang auch die Zugehörigkeit, in dem solche Individuen ausgeschlossen werden, die sich nicht jegliche Konsumgüter leisten können, die einen gewissen Status ausdrücken. Hinzu kommt, dass der Konsumdrang der Menschen niemals gestillt werden kann, weil einem von der Kulturindustrie vorgegaukelt wird, dass man genau solche Produkte braucht die man eigentlich nicht braucht. Dies geschieht durch Produktdifferenzierung und massenmedial vermittelter Manipulation.

> *„Unser gesamter Wirtschaftsapparat beruht auf dem Prinzip der Massenproduktion und des Massenkonsums. Man versucht jedermann dazu zu veranlassen, soviel wie nur irgend möglich zu kaufen, und das noch bevor er das Geld dafür zusammengespart hat. Das Bedürfnis nach noch mehr Konsum wird von der Werbung und all den anderen Methoden, die einen psychologischen Druck auf uns ausüben, (...) stark stimuliert."* (ebd., S. 96)

Hinzu kommt der Glaube an die Individualisierung durch Konsum. Produkte werden scheinbar auf die unverwechselbare Identität des Individuums zugeschnitten. Das Ich wird aus Konsumgegenständen konstruiert und gewinnt durch die Marke zusätzliches soziales Ansehen. Aber anstatt in eine wirklich gefestigte Identität verläuft eine solche Sozialisation in eine reine Scheinidentität. Daran anknüpfend vermittelt Konsum im Sinne Fromms auch die Thematisierung von Problemen, welche im Leben der Individuen auftreten. Im Konsum können Individuen Frust, einen geringen Selbstwert, Trauer, Schmerz, Leid, Probleme, Stress (z.B. in der Arbeit), aber auch geschlechtsspezifisches Verhalten kompensieren oder sublimieren.

So konstatier Fromm an den oben anknüpfenden Diskurs folgenden zweideutigen Satz, der auf jegliche Form des Konsums übertragen werden kann: *„Heute ist ‚seelische Erlösung' ein Markt geworden, auf dem geschickte Händler ihre Heilslehren verkaufen."* (Fromm 2005, S. 65) Konsum ist die Heilslehre, der Verkäufer im indirekten Sinne der Prophet. Die Waren, die konsumiert werden helfen seelische Probleme auszuleben oder um mich nach dem heute vorherrschenden soziologischen Sprachgebrauch auszudrücken sie zu bewältigen. Dabei spalten die Subjekte nach Marcuse ihre Seele und projizieren diese auf die Konsumgegenstände. In jedem einzelnen Gegenstand begegnet sich der Mensch als fremd. Er huldigt dem Warenfetischismus der in der spätkapitalistischen Gesellschaft die Form eines Götzendienstes annimmt. In Auseinandersetzung mit der Theorie Fromms und dieser Marcuses kann man sich Anforderungen ins Bewusstsein rufen die die Konsumgesellschaft an die Erziehung stellt. Es gibt in diesem Sinne insbesondere drei Aufgaben die es von Seiten der Erziehung in Auseinandersetzung mit dem Konsum zu lösen gilt:

1.) Konsum als sozialer Anpassungsmechanismus
2.) Konsum als Bewältigungsanforderung
3.) Konsum als Manipulationsfaktor der Kulturindustrie, der immer neu Bedürfnisse in den Individuen schafft

Hier gilt es nun auszuarbeiten wie solche Konsumzwänge in der Erziehung thematisiert bzw. ihnen gewisse Grenzen gesetzt werden können. Die Pädagogik hat sich im Allgemeinen damit zu beschäftigen, wie sich Konsumzwang auf den Charakter der Menschen auswirkt und dessen Ausformung beeinflusst. In einer Gesellschaft, die die sofortige Befriedigung von Bedürfnissen im Sinne „repressiver Entsublimierung" propagiert und immer neue zu schaffen in der Lage ist, sollte die Rolle der Erziehung den Kindern gegenüber diese eines Schutzmechanismus sein.

Kinder, die ständig ihre Bedürfnisse befriedigen entwickeln eine schwache Frustrationstoleranz, d.h. sie können Triebaufschub nicht lange aushalten und reagieren demgegenüber mit Aggressivität. Wenn jegliche Situation von Frustration vermieden wird um das Kind von weinen und anderen Gefühlsregungen abzuhalten führt das dazu, dass Eltern sich in die Rolle eines ständigen Bedürfnisbefriedigers begeben und die Kinder die Bedürfnisse der Eltern selbst nicht zu erfahren in der Lage sind. In den Kindern entwickelt sich dadurch das unbewusste Gefühl, dass die Eltern nur zu der Befriedigung ihrer eigenen Bedürfnisse da sind. Sie lernen, die Beziehung zu den Eltern in einer egoistischen Art und Weise auszudrücken, in der Eltern zu Mitteln ohne eigene Ansprüche werden. Dahingehend wird der instrumentelle Grundstein für die weiteren sozialen Beziehungen gelegt.

Im Frühen Kindesalter ist es noch ein Muss Bedürfnissen nach Wärme, Brust, Nähe usw. zu befriedigen, da das Kind sich noch nicht selbst artikulieren kann. Ganz anders ist es im höheren Alter des Kindes dort muss es im Angesicht des Überflusses der ihm die Konsumgesellschaft bietet auch lernen mit einem Nein gegenüber seinen Ansprüchen zu recht zu kommen. Ein solches Nein könnte damit auch die Belange der Eltern thematisieren, die ihre eigenen Anliegen im Umgang mit dem

Kind nicht aus den Augen verlieren sollten. Dazu ist es unabdingbar dem Kind Erfahrungsräume zu Verfügung zu stellen, die von Werbe- und Konsumzwang frei sind, die in ihm nicht ständig irgendwelches Befriedigungsverlangen erschaffen.

Diesbezüglich wäre es auch von Vorteil wenn es rechtliche Regelungen gäbe die medial vermittelte Werbung für Kinder begrenzen würde. Wie wichtig es ist von klein auf im Kind Bewältigungsmuster zu fördern in denen Probleme nicht rein durch Konsum gelöst werden, bedarf es hier keiner Erwähnung. Natürlich entgeht einiges dem Einfluss der Eltern, da z. B. auch Bewältigungsmuster sehr stark von der Gesellschaft reproduziert werden. Wichtig ist es durch Erziehung (nicht nur von Eltern sondern auch von Erziehungseinrichtungen) in der Interaktion mit dem Kind qualitative Beziehungen zu fördern, die sich nicht rein auf Konsum und Konformismus reduzieren lassen. Infolgedessen gilt es auch in Situationen in denen der Konsum als Integrationsmechanismus dient, abzuwägen wie dringend die Notwendigkeit einer Befriedigung für die soziale Anerkennung des Kindes ist und ob es nicht andere Lösungen gibt. Natürlich kann man sich gesellschaftlichen Zwängen des Konsums nicht immer entziehen. Besonders die Jugendphase ist von Experimentierfreude geprägt in der Grenzen ausgetestet und im Sinne des Konsums auch überschritten werden. Eine reine Verbotsorientierung ist hier fehl am Platz, da Jugendliche im Hinblick aufs erwachsen werden eigene Erfahrungen machen müssen. Deshalb ist es äußerst wichtig in Erziehungseinrichtungen Konsumpädagogik als Projekt zu verstehen das Leitlinien zum Konsum vorgibt, jedoch nicht deren moralische Verurteilung hervorruft. Eine Umgangskompetenz im Hinblick auf die neuen Medien, sollte dabei von Anfang an im Elternhaus sowie in Bildungs- und Erziehungseinrichtungen kultiviert werden.

Fromm hat mit seinem Charakter des Seins ein Ideal konstruiert, welches im Sinne gesellschaftlicher Konsumkultur auf die Pädagogik übertragen werden kann. Ziel von pädagogischem Handeln in diesem Sinne ist es den Kindern zu helfen den Wert der in ihnen liegt erkennen zu können und qualitative Beziehungen zu unterstützen. Nur durch eigenes Handeln, durch produktives tätig sein und authentisches Leben, kann der Mensch sich zum Ausdruck bringen. Es gilt die schwierige Aufgabe zu vollbringen Kindern, Jugendlichen und Erwachsenen zu lehren, dass sich der Selbstwert des Menschen nicht durch die Anhäufung von Besitz oder grenzenlosen Konsum ausdrückt, sondern durch die eigenen Eigenschaften und Fähigkeiten ihrer Persönlichkeit, die sich im Umgang mit anderen zeigt und weiterentwickelt. Das heißt nicht, dass Dingen und Konsumgegenständen ständig entsagt werden muss, sondern die Art und Weise wie konsumiert wird sich verändern sollte. Diese hohen Ansprüche richtet Fromm an die Erziehung, betont aber, dass eine solche Art von Konsum ohne die Beschneidung der manipulativen Kräfte der Werbung und die Demokratisierung von Lebensbereichen und Produktionsabläufen nicht ermöglicht werden kann. Eine solche Entwicklung hätte zur Folge, dass die Warenproduktion wieder ins Innere der Gesellschaft verschoben würde und sich menschliche Bedürfnisse an deren Gebrauchswert besinnen könnten.

Geschlechterperspektiven in der Kritischen Theorie

Geschlechterperspektiven sind in der Kritischen Theorie nur spärlich vertreten. In der Theorie eines jeden hier dargestellten Denkers wird zwar davon ausgegangen, dass die Herrschaftsform eine patriarchalisch kapitalistische ist, deren Aufschlüsslung wird aber an die Verdinglichungswirkung des Kapitalismus selbst gebunden und erhält deshalb keine eigenen Untersuchungsgegenstand. Die Frauenbefreiung wird von allen Denkern für eine emanzipierte Gesellschaft vorausgesetzt, aber nicht bis an den Tiefgrund ihrer Unterdrückung untersucht. Außerdem ist die Kritische Theorie im Allgemeinen eher an einer männlichen als an einer weiblichen Sozialisation orientiert, dies gilt sicherlich darum weil in ihrer Entstehungszeit der öffentliche Raum im Sinne von Arbeit und Politik größtenteils eher männlich konnotiert war. Die Perspektive der Kritischen Theorie ist teilweise von derselben patriarchalischen Sichtweise verzerrt die sie anprangert und führt zu einer Vernachlässigung der weiblichen Anteile. Selbst Theorien, die von der zweiten Generation der Kritischen Theorie entwickelt wurden, besitzen kein eigenes Geschlechtskonzept, welches mit der Totalität der Gesellschaft in Verbindung gebracht werden könnte. Dabei nimmt hauptsächlich Negt öfters auf andere Geschlechtertheorien Bezug. Damit ist es schwierig eine konsequente Pädagogik der Geschlechtlichkeit auszuarbeiten. Horkheimer nimmt in einigen Aufsätzen auf die unterschiedliche Erziehung von Vater und Mutter Bezug und auch Fromm erwähnt sie im Hinblick auf seiner Theorie des Liebens. Die Erziehungsidealtypen von Mutter und Vater haben sich gesellschaftlich weiterentwickelt, in dem die Mutter intensiver am öffentlichen Raum teil hat und Väter sich auch mehr zu Hause mit den Kindern beschäftigen. Fromm stellt in einem eigenen Werk die matriarchate- der patriarchalen Gesellschaft gegenüber und betont die Wichtigkeit der Reintegration matriarchaler Werte in die Gesellschaft, die vorwiegend von männlich konnotierten Werten beherrscht wird.

Des Weiteren bietet besonders Marcuse in seiner späteren Vortragsreihe über „Feminismus und Marxismus" Andockungspunkte für eine Kritische Theorie der Geschlechtlichkeit die für die Pädagogik relevant sein könnte.

> *„Hier ein Wort zu der Frage, ob die „femininen" oder „weiblichen" Qualitäten sozialbedingt oder „natürliche", biologische seien. (...) Jenseits der offensichtlichen physiologischen Unterschiede zwischen Mann und Frau sind die femininen Qualitäten sozial determiniert. Durch den Jahrtausende währenden Prozess sozialer Determinierung können diese Qualitäten freilich zur „zweiten Natur" werden, die sich nicht von selbst mit dem Entstehen neuer Institutionen ändert."* (Marcuse 2004, Bd. 9, S. 132)

Marcuse sieht im Sinne des sozialen Konstruktivismus das Geschlecht, mit Ausnahme der biologischen Merkmale als gesellschaftlich determiniert an. Damit antwortet er direkt dem Genderdiskurs und nimmt eine Mittlerposition zwischen radikalen Konstruktivismus und genetischem Determinismus des Verhaltens ein. Dahingehend wird der gesamte geschlechtliche Habitus mit Ausnahme der biologisch äußeren Gegebenheiten sozial produziert. Dabei wird der Charakter der Frau durch einer spezifischen Art der Repression geformt, die der Surplus Repression zuzurechnen ist. Marcuse erkennt aber darüber hinaus, dass Mann-sein sowie Frau-sein beides Geschlechtskonstruktionen sind die aufgebrochen werden müssen, damit beide wirklich frei werden können. Deshalb betont er die Notwendigkeit einer Frauenbewegung, impliziert aber selbst schon Kritik an dieser, da Männlichkeit auch ein Konstrukt ist dessen Grenzen aufgebrochen werden müssen.

> *„Über und durch ihre eigene Dynamik ist die Frauenbewegung mit dem politischen Kampf der Revolutionierung der bestehenden Lebensverhältnisse und menschlichen Verkehrsformen, für die Freiheit für Männer und Frauen verbunden. Denn hinter*

> *der Dichotomie Mann-Frau verbirgt sich das beiden, Mann und Frau, gemeinsame Interesse an der Durchsetzung einer menschenwürdigen Existenzweise.“* (ebd., S. 132)

Damit übt Marcuse auch Kritik an dem marxistischen Verständnis der Klassengesellschaft, die das patriarchale Herrschaftsgefüge, welches auf die Frau wirkt, nie vollständig erfassen konnte. Die Möglichkeiten und Bedürfnisse der Frau jedoch von der Klassenzugehörigkeit begrenzt waren. Marcuse sieht die Potentialität, dass sich vollständige ökonomische, soziale und kulturelle Gleichheit von Mann und Frau bereits im Kapitalismus erreichen lässt gegeben. Das Ziel ist es jedoch nicht nur Gleichheit zu erkämpfen, sondern auch diese zu transzendieren in dem das gesellschaftlich herrschende Leistungsprinzip selbst geändert wird. Die Triebstruktur des Mannes und dessen Werte haben sich besonders im Leistungsprinzip der gegenwärtigen Gesellschaft festgesetzt, welches neben anderen den öffentlichen Bereich und deren Organisation regelt. Solche Werte sind *„die Herrschaft funktionaler Rationalität, die die Emotionen unterdrückt, eine doppelte Moral, die ‚Arbeitsethik‘ (…); und der Wille zur Macht, die Zurschaustellung von Stärke, Virilität“* (ebd., S. 134). Hinzu kommt die Aggressionsneigung des Mannes die durch die soziale Repression vor allem in der Arbeit hervorgerufen wird. Marcuse (teilweise auch Fromm in dem er das Matriarchat vermehrt in die gesellschaftliche Formation einfließen lassen will) sieht in der Umwälzung des in der Gesellschaft vorherrschendem Leistungsprinzips, die Möglichkeit vermehrt weibliche Werte in der gesellschaftlichen Organisation einfließen zu lassen, die gegenwärtig eher auf den Privatraum beschränkt sind.

> *„Als Antithese zu den herrschenden maskulinen formuliert, wären solche femininen Qualitäten: Rezeptivität, Sensitivität, Gewaltlosigkeit, Zärtlichkeit usw. Diese Qualitäten erscheinen in der Tat als der Herrschaft und Ausbeutung entgegengesetzt.“* (ebd., S. 134f)

Weibliche Werte haben sich nach Marcuse besonders im privaten Bereich festgesetzt, weil sie diese nach der Abschaffung der matriarchaten Gesellschaft auf physische Kraft reduzierte.

> *„Eben dieser bestimmte und prägte die Rolle der Frau, die, verpflichtet auf Schwangerschaft und die Aufzucht der Kinder, gesellschaftlich benachteiligt war. Die Frau wurde als dem Mann unterlegen betrachtet, als schwächer, als Hilfe oder Anhängsel des Mannes, als Sexualobjekt, als Werkzeug der Reproduktion. Einzig als Arbeiterin erreicht sie eine Art (…) repressive Gleichberechtigung.* (ebd., S. 135)

Dabei warnt Marcuse davor, dass im gegenwärtigen Leistungsprinzip die Emanzipation der Frau zu wieder neuen Unterdrückungen führt. Da das Leistungsprinzip in Form „repressiver Entsublimierung" alles zu generieren versucht. Hierzu nennt Marcuse die sexuelle Befreiung der Frau, die in besonderem Maße dazu geführt hat, dass Weiblichkeit als Ware in Form von Pornoindustrie, Werbung und Schönheitsindustrie vermarktet wird.

> *„Die Austauschgesellschaft erreicht mit der Kommerzialisierung der Sexualität ihren Höhepunkt; der weibliche Körper ist nicht nur eine Ware, sondern ein entscheidender Faktor bei der Umsetzung des Mehrwerts. Und die berufstätigen Frauen, leiden in immer größerer Zahl unter der doppelten Last als Arbeiterin und Hausfrau."* (ebd., S.137)

Hier sind Marcuses gesamte Überlegungen zur Geschlechtlichkeit vereint, die auch die meisten Mitglieder der ersten Generation Kritischer Theorie teilten. Nicht zu übersehen ist, dass Marcuse bereits erkannte, dass nicht nur der Mann Abhängigkeitsverhältnisse für die Frau produziert sondern auch sie diese selbst reproduziert. Deshalb war in seinem Denken die Kritik an die Frauenbewegung bereits impliziert, weil sie durch den Glauben sich von einer Männerherrschaft befreien zu müssen, ihre eigene Rolle in der Reproduktion der Geschlechtlichkeit übersah. Er betonte, dass die wahre Freiheit der Frauen nur durch die Befreiung beider Geschlechter erreicht werden kann.

Marcuse hat einige Punkte angeschnitten, die für eine kritische Pädagogik der Geschlechter verwendet werden kann, seine Theorie greift aber um die Totalität der Geschlechtlichkeit die die Gesellschaft durchdringt erfassen zu können zu kurz. Deshalb wird das Thema Geschlecht im dritten Teil dieser Arbeit nochmals thematisiert, ergänzt und kritisch reflektiert.

Teil 3: Definition, Kritik, Perspektiven

Entwurf einer Pädagogik der Frankfurter Schule

Nun sind wir in der Lage eine Pädagogik der Frankfurter Schule zu entwerfen, die mit ihren Eigenheiten als Leitsatz für Erziehungs- und Bildungseinrichtungen dienen kann. In ihrer praktischen Umsetzung sieht sie sich dabei als eine Erziehungstheorie, die die Gesamtheit der Gesellschaft erfassen will, und deren Ergebnisse somit auf jegliche sozialpädagogische Erziehungs- oder Bildungseinrichtung angewendet werden kann. Überdies gehört die Aufdeckung kapitalistischer und kultureller Krisen, die dazu führen, dass sich Individuen in faschistische Verhaltensweisen flüchten, zu den Aufgaben kritischer Theoriebildung in Erziehungskontexten.

Eine Pädagogik im Sinne der Kritischen Theorie versucht die Totalität der Gesellschaft wahrzunehmen und die in ihr wurzelnden Widersprüche zu identifizieren. Dazu muss sie in Auseinandersetzung mit der gesellschaftlichen Faktizität, auf eine mögliche bessere Gesellschaft hinweisen und diese in die Konsequenz pädagogischer Praxis einfließen lassen. Inhalt des Erziehungsbegriffs im Sinn der Frankfurter Schule ist Emanzipation.

Überdies gehört die Aufdeckung kapitalistischer und kultureller Krisen die dazu führen, dass sich Individuen in faschistische Verhaltensweisen flüchten. Zusätzlich ist es für Pädagogen/Innen wichtig eine kritische Distanz zu Warenfetischismus und Kulturindustrie als Produktionsstätten gesellschaftlicher Verblendungszusammenhänge einzunehmen, und auf deren Manipulationstendenzen die sich auf pädagogische Situationen auswirken hinzuweisen. Eine Erziehung der Frankfurter Schule steht der Ökonomisierung von sozialpädagogischen Institutionen und Bildungseinrichtungen und deren Organisation nach zweckrationalen Gesichtspunkten kritische gegenüber und versucht solchen Tendenzen entgegenzuwirken. Der Blick richtet sich dabei auch auf bereits bestehender primäre- und sekundäre Sozialisationsinstanzen, die unter dem Gesichtspunkt der Reproduktion von gesellschaftlichen Charakterstrukturen, die zur Aufrechterhaltung von politischen, ökonomischen und soziokulturellen Herrschaftsmechanismen dienen erforscht werden. Fortschritt wird in der Auseinandersetzung mit dem Positivismus als Dynamik verstanden die sich dem Bedarf des Menschen durch instrumentelle Nutzung entzogen hat.

Pädagogik wird in diesem Sinne als Kritik der bestehenden Wirklichkeit aber auch als Selbstkritik der Disziplin der Erziehungswissenschaften verstanden, darüber hinaus sieht sie sich selbst in der Position gesellschaftliche Veränderung zu praktizieren. Kritisch pädagogische Theorie sieht die Gesellschaft als vom Menschen in seiner expliziten historischen Wirklichkeit gemacht. Unter einem solchen Verständnis sieht sich Erziehung selbst als soziales Phänomen, und muss sich als erkennendes Subjekt im Erkenntnisprozess bestimmen. Entfremdung wird dabei als Grundkategorie aufgefasst, die durch politische Pädagogik überwunden werden muss. Arbeit, Kulturindustrie und Konsum führen zur Entfremdung des Menschen von sich selbst, zu einer Entfremdung der Menschen untereinander, zur Entfremdung der Menschen von der Natur und zur Entfremdung vom Produktionszusammenhang, somit vom Produkt seiner Arbeit. Im Zeitalter der Kulturindustrie wird der Gebrauchswert der Kultur von einem Tauschwert ersetzt, damit wird sie unter den Prinzipien der Nutzenverwertung gestellt und verdinglicht. Hinzu kommt die durch die Globalisierung hervorgerufene Flexibilisierung, Polarisierung, Arbeitslosigkeit und Dreiteilung. Eine Gesellschaft die sich vollständig nach dem Prinzip der Verdinglichung organisiert, hat in ihrer Logik Konsequenzen für die Bildung und deren sozialer Funktion. Die Allgegenwertigkeit der Entfremdung führt zur Entfremdung des Wissens und der Bildung, sie verflacht und entwickelt sich zur Halbbildung. Geistige Inhalte transformieren sich zu Konsumgütern und werden Opfer gesellschaftlicher Nützlichkeit. In der Konkurrenz reduziert sich Bildung in ihrer sozialen Funktion auf gesellschaftliche Adaption. Wissen zu generieren wird zum Wettbewerb der Allgemeinheit.

Hinzu kommt das eindimensionale Denken, welches von der gegenwärtigen Gesellschaft gefördert wird und sich dadurch auszeichnet, dass Individuen die Realität nur noch unter den Blickpunkten der Verwertbarkeit, jedoch nicht unter solchen der positiven Veränderung sehen können. Die Quantifizierung des positivistischen Wissenschaftsbetriebs und der kapitalistischen Ökonomie richtet die Sinne des

Menschen auf das Gegebene nicht aber auf das Mögliche. Dabei gilt es sich bewusst zu machen, dass im Begriff der Vernunft selbst eine dialektische Spannung wurzelt, die in ihrer instrumentellen Form Mitschuld an Ausschwitz und an den autoritären Charakterstrukturen der Individuen des Faschismus hatte. Einer solchen Entfremdung und totalitären Verdinglichung des Wissens und des Denkens sollte eine kritische Pädagogik mit dem Konzept der Mündigkeit entgegenzusteuern versuchen. Adorno wendet sich in seiner Konzipierung von Mündigkeit dabei direkt an Kant und konstatiert, dass dessen Definition von Aufklärung noch nicht veraltet ist. Eine Pädagogik die solche Maßnahmen stütz, muss sich von dem Vorwand wissenschaftlicher Objektivität verabschieden und sich auf die Wendung des Subjekts konzentrieren. Mündigkeit kann man nach Adorno als Autonomie definieren die sich als *„Kraft zur Reflexion, zur Selbstbestimmung*"" und *„zum Nicht-Mitmachen*" äußert (Adorno 1971, S. 93).

Scheinmündigkeit verbreitet sich überall dort wo die Ablösung von den Eltern (Vater) verkümmert und zu einer reinen Übernahme der Charakterstrukturen der Autorität und deren Ich-Ideale fungiert. Dabei kommt Adorno zum Schluss das Autonomie gepaart mit Zuwendung in der Erziehung die Entwicklung eines mündigen Individuums fördern.

Eine Pädagogik der Kritischen Theorie hat in diesem Sinne dem kategorischen Imperativ Erziehung so zu konzipieren, dass Ausschwitz sich nicht wiederhole, Rechnung zu tragen. Also ist es deren Aufgabe sich mit den Bedingungen auseinanderzusetzen, die zum Nationalsozialismus geführt haben um ein erneutes aufkommen der Barbarei verhindern zu können. Eine enorme Gefahr geht vom „manipulativen Typus", aus den Adorno als Paradebeispiel verdinglichten Bewusstseins beschreibt.

Um den Prozess der Mündigkeit zu stützen, müsste der demokratische Diskurs im Sinne des kommunikativen Handelns in pädagogischen Institutionen Einzug finden.

Wichtig ist das die Beteiligung der Subjekte im Sinne des herrschaftsfreien Diskurses gelernt wird. Nur wenn auch die Familie und die Schule sich nach dem Prinzip der Partizipation und des Konsens organisieren, kann ein mündig werden im Sinne von Habermas möglich sein und Individuen fähig werden öffentlich wirkende Diskurse gesellschaftlicher Entscheidungsträger zu überprüfen und zu hinterfragen. Hierzu bekräftigt eine Pädagogik im Sinne der Frankfurter Schule die soziale Öffnung der Erziehungsinstitutionen allen voran der Schule.

Darüber hinaus ist es eine unumgehbare Voraussetzung Erfahrungen und Ängste in Kontexten von unterschiedlichen Schichten, Milieus, Gruppen, Geschlechter und Klassen sozial erfahrbar zu machen. Also dem verdinglichten Bewusstsein durch die Einsicht in gesellschaftliche Zusammenhänge zu einer Bewusstwerdung der Entfremdung zu verhelfen. Pädagogisch vermittelte Schlüsselqualifikationen sollen dabei soziologische Phantasien in den Subjekten hervorrufen, die sich in selbstregulativer Erfahrung auf demokratische Weise entwickeln. Folgende Fertigkeiten gilt es im Sinne exemplarischen Lernens zu entwickeln um Entfremdung überwinden zu können: *„Identitätskompetenz“*, *„ökologische Kompetenz“*, *„technologische Kompetenz“*, *„historische Kompetenz“*, *„Gerechtigkeitskompetenz“* und *„ökonomische Kompetenz.“* (Negt 2011, S. 223 – 230) Dabei ist es für eine kritische Erziehungstheorie besonders wichtig Kinder- und Jugendöffentlichkeiten, die Alltagserfahrungen in einem konkreten sozialen Raum und im Austausch mit Individuen ermöglichen, zu kultivieren.

Eine weitere Säule der Pädagogik im Sinne der Frankfurter Schule ist der dialektische Humanismus. Er soll die die Weichen für eine kritische Pädagogik stellen um den Relativismus der Wissenschaften entgegentreten zu können. Dafür hat Fromm ein humanistisches Entwicklungsmodell konstruiert, in dem sich die existenziellen Bedürfnisse eines jeden Menschen ausdrücken und welches als Orientierungsmuster für die Pädagogik dienen kann. Ein solches Entfaltungsmodells versucht allen Menschen innewohnende existenzielle Sehnsüchte von Geburt an bis ins Alter zu entwickeln. Es ist als Modell zu verstehen, dass die Abhängigkeit des Menschen hin zur Freiheit zu entwickeln versucht. Wichtig ist es das Gleichgewicht von Zuwendung und Liberalität in jeder Phase der kindlichen Entwicklung immer neu abzuwägen und zu entfalten. Im Sinne der Kritischen Theorie der Pädagogik ist es demnach auch die Auswirkungen einer kapitalistischen Konsumkultur auf die Pädagogik nachzuzeichnen. Aus den Theorien von Fromm und Marcuse, kann man besonders drei wichtige Funktionen des Konsums auf die soziale Wirklichkeit ausarbeiten:

1.) Konsum als sozialer Anpassungsmechanismus
2.) Konsum als Bewältigungsanforderung
3.) Konsum als Manipulationsfaktor der Kulturindustrie, der immer neu Bedürfnisse in den Individuen schafft

Die kritische Pädagogik hat sich auf diese drei Punkte beziehend damit zu beschäftigen wie sich Konsumzwang auf den Charakter der Menschen auswirkt und dessen Ausformung beeinflusst. Der Gesellschaftscharakter in Form des Marketingcharakters unterdrückt darüber hinaus Spontanität und Wachstum die Teile der kreativen Entfaltung des Menschen sind. Die damit einhergehende Beeinträchtigung des Fühlens durch Erziehung, beginnt dabei schon in der frühen Kindheit. Deswegen entwickelt der Mensch anstatt einer authentischen Identität eine reine Scheinidentität. Entgegen solcher gesellschaftlichen Gegebenheiten ist Authentizität in Form von Selbstgefühl und Spontanität die ein produktives, kreatives, sinnstiftendes Wachstum in Freiheit ermöglicht das Ziel von Erziehung.

Durch die zunehmende Rationalisierung von Sozialpädagogik und Schule wird genau eine solche Form von Erziehung verhindert. Speziell die Sozialpädagogik als Disziplin begibt sich durch Rationalisierung in Gefahr ihre eignen Prinzipen aufzuheben. Durch die Neoliberalisierung des Marktes und Entgrenzung des Sozialstaates muss sie sich einer Logik fügen die an Nutzenmaximierung und Effizienz orientiert ist, kann damit nicht bedürfnisorientiert helfen und verdinglicht deren Adressat/Innen. Die Sozialpädagogik kann den Anforderungen der gegenwärtigen Gesellschaft nur gerecht werden, wenn sie an strukturellen Missständen agiert aber auch deren Veränderungen herbeiführt.

Die Familie ist eines der Kerngebiete einer Pädagogik die an der Kritischen Theorie angelehnt ist. Ihre Aufgabe ist es die Charakterstrukturen im Sinne der Gesellschaft zu prägen und deren reibungslose Funktion zu garantieren. Deshalb ist es um so wichtiger Veränderungen der Gesellschaft in der Familie nachzuzeichnen und umgekehrt. Der Gesellschaftcharakter entwickelte sich dabei von einem traditionsgeleiteten autoritären in einen in der heutigen Zeit vorherrschenden Marketing-Charakter der sich mit Unsicherheit, Grenzenlosigkeit, Flexibilisierung und unerschöpflichen Möglichkeiten paart. Außerdem hat sich auch die gesellschaftliche Funktion der Familie geändert. Sie ist nicht mehr die Sozialisationsinstanz die entgegen allen Anforderungen eine feste Position verspricht. Viel eher befindet sich auch ihr Versprechen auf Kontinuität im Wanken, da konkrete Bezugspersonen oft nicht mehr greifbar sind, weil z. B. in Ein-Elternteil-Familien die Mutter berufstätig ist. Um solchen Anforderungen gerecht zu werden, braucht es neben neuen Formen des Zusammenlebens, die Veränderung von sekundären Sozialisationsinstanzen wie Schule und sozialpädagogischen Einrichtung hin zu Erfahrungsräumen für Kindern und Jugendlichen, in denen sie sich in ihrer gesamten Persönlichkeit entfalten können und genau solche gilt es auch für eine kritische Pädagogik zu kultivieren. Allem voran die Schule stellt sich in Zeiten in der Vollbeschäftigung nicht mehr erreicht werden kann als Institution selbst in Frage. Eine Schule im Sinne der Kritischen Theorie zeichnet sich dadurch aus, dass der Bruch zwischen Familiensozialisation und Schule weitgehend eingedämmt wird und eine Umdefinition des Leistungsbegriffs der kognitive Fähigkeiten, emotionale Kompetenzen und das sozial Verhaltens gleichrangig bewertet, stattfindet. In Bezug darauf würden exemplarisches Lernen, Projektunterricht und Formen der Selbstregulierung für eine neue Schule zu Grundsäulen des Lernens.

Marcuses hat in seinem Spätwerk eine Geschlechtstheorie entwickelt die von der Pädagogik der Frankfurter Schule genutzt werden kann, in ihrem theoretischen Rahmen jedoch unbedingt erweitert werden muss. Seine Geschlechtertheorie wird nun im folgenden Kapitel auf die mit den Perspektiven im Denken Foucaults und Butlers verbunden und es werden Anknüpfungspunkte an die bestehende kritische Geschlechterforschung gesucht.

Kritische Theorie der Geschlechter

Horkheimer untersuchte in den Vorkriegsjahren Disziplinierungsmechanismen (Gefängnis) um die Bedeutungen der Rationalisierung für die Moderne konkret nachzeichnen zu können. Einem solchen Unterfangen gegenüber sah sich auch Michel Foucault einige Jahrzehnte später und beobachtete besonders die Psychiatrie in ihrer Ausübung von Normalität, aber auch wie Horkheimer das Gefängnis und die Folter. *„Foucault entwickelt in seinen Untersuchungen eine neue Form des Machtbegriffs, der sich von den administrativen Formen der Macht auf intersubjektive verschiebt“* (Greis 2017, S. 8). Foucault interessieren die Praktiken, die das Subjekt konstruieren und deren „Mikrophysik der Macht“. Auch knüpft er wie Horkheimer und Adorno die Unterwerfung der Individuen an die Aufklärung. Die *„Aufklärung, welche die Freiheiten entdeckt hat auch die Disziplinen erfunden“* (Foucault 1994, S. 285), argumentiert er in einer seiner Schriften und zieht dabei eine ähnliche Konsequenz für die Gesellschaft, welche sich durch Rationalismus und Aufklärung definiert, wie die erste Generation der Kritischen Theorie. *„Draus kann man ableiten, dass das Wissen das zu Emanzipation und Freiheit führen sollte, gleichzeitig durch Spezialisierung und Differenzierung sich gegen das Subjekt wendet“* (Greis 2017, S. 8). Aufzuschlüsseln versucht Foucault eine solche „Dialektik der Aufklärung“ mittels des Diskurses, der in der Lage ist Subjekte zu konstruieren und sich in ihrem Körper einzuschreiben.

> *„Foucault bezieht sich dabei auf die soziale Konstruktion der Macht, die sich jenseits von sichtbaren Strukturen auf das Individuum und dessen Verhalten auswirkt. Eine solche Macht wirkt sich besonders auf Menschen aus die aus der sozialen Norm fallen, weil sie sich anders orientieren als die Mehrheit (vgl. Foucault 2008)“* (Greis 2017, S. 8)

Genau an diesem Punkt kann man nun die Geschlechtsperspektive aus Foucaults Denken herausarbeiten. *„Geschlechtlichkeit wird zu einem Konstrukt, welches auf all jene Zwang auszuüben in der Lage ist, die sich nicht den herrschenden Geschlechtsnormen anpassen wollen oder können.“* (ebd., S. 8) Hier kommt nun auch Judith Butlers Theorie zum Tragen, sie verbindet seine Thesen mit der Dekonstruktion Jaques Derridas und konstruiert aufbauend auf Foucault eine eigene Geschlechtstheorie.

> *„Für herkömmliche Gendertheorien ist Sexus eine biologische Kategorie, die auf den dazugehörigen Körper (männlich, weiblich) ein soziales Geschlecht zugeteilt bekommt, in welchem sich Grenzen und Möglichkeiten der Entfaltung festsetzen. Butler kehrt diesen Schluss um und erklärt, dass die soziale Geschlechtskonstruktion die biologische vorherbestimmt. Das biologische Geschlecht ist bereits von sozialen Kategorien vorgeprägt, so dass die Wirkung des biologischen Geschlechts nicht herausgearbeitet werden kann und eine soziale Kategorie bleibt (vgl. Butler 1991). Für Butler ist es also der Diskurs der sich in den Körpern einschreibt und deren sozialen Ausformungen selbst festlegt. (…) Dabei leugnet Judith Butler nicht die biologischen Unterschiede der Menschen, sondern betont nur, dass diese bereits sozial kategorisiert sind. Somit hat sich soziohistorisch auch das Körperbefinden selbst immer wieder verändert. Das gesellschaftliche Kon-*

> *strukt in dem Macht, Diskurse und Norm miteinander verwoben sind benennt Butler als heterosexuelle Matrix, die durch ihrer Struktur dazu in der Lage ist Subjekte zu formen, und deren Sinnsuche nach einer geschlechtlichen Identität stillen kann.*" (ebd., S. 9)

Geschlechtlichkeit ist in diesem Sinne auch eingebettet in Geschlechtskonstruktionen, welche als normative Grundlagen zur Orientierung von Mann und Frau dienen. Auch in sexueller Hinsicht gilt es sich der Norm zu fügen und Heterosexualität als von der Gesellschaft bevorzugtes Sozialisationsmodell anzunehmen.

> „*All jene die sich entgegen der heterosexuellen Matrix nicht den herrschenden Geschlechternormen fügen, geraten in Gefahr Opfer von sozialer Diskriminierung oder Benachteiligung zu werden.*" (ebd., S. 9)

Axel Honneth der zu der dritten Generation der Kritischen Theorie gezählt wird, versucht die Entstehung der (geschlechtlichen) Identität mittels des Bedürfnisses um Anerkennung des Menschen zu klären. Er sieht in den Prinzipien der Anerkennung die moralische Grammatik sozialer Konflikte wurzeln. Diese entfaltet sich im Sinne Honneths nach drei verschiedenen Mustern intersubjektiver Anerkennung: Liebe, Recht und Solidarität. Dabei sind neben Liebe, hauptsächlich Recht und Solidarität Sphären in denen die Geschlechternormen im Kampf um gesellschaftlicher Anerkennung neu ausgehandelt werden müssen. Damit soziale Integrität und Würde für Subjekte die außerhalb der Norm liegen erweitert werden können und Entrechtlichung und Entwürdigung aus der sozialen Wirklichkeit verbannt werden, muss deren Geschlechtsorientierung von der Wertegemeinschaft und dem Gesetz anerkannt werden (vgl. Honneth 1994).

Nun gilt es das bisher gesagte auf die Theorie Marcuses zu übertragen. Marcuse hat mit der Surplus Repression eine Form von gesellschaftlicher Unterdrückung definiert, die die Diskurstheorie Foucaults zu fassen in der Lage ist. Wir haben die Surplus Repression beschrieben als soziale Unterdrückung, welche alle Modifikationen und Ablenkungen von Triebenergien mit einschließt, die zu der Aufrechterhaltung der gesellschaftlichen Normen und Regeln (Herrschaft) dienen (vgl. ebd., S.

40). Die aber für die Aufrechterhaltung des Leistungsprinzips im Sinne kapitalistischer Ökonomie nicht unbedingt notwendig sind. Durch eine kleine Umdeutung von Marcuses Begriff der Surplus Repression, kann man diese als Macht definieren die gesellschaftliche (Geschlechter) Normen in die Individuen einschreibt. So ist die Surplus Repression ein soziales Konstrukt, welches in jeglicher Art von Institutionen (Familie, Schule, usw.) Triebenergien unterdrückt und Verhaltensweisen erzeugt die die gesellschaftlichen Normen und Werte stützen. Solche Repression wird von den Individuen selbst in Form der „Mikrophysik der Macht" reproduziert und von den Institutionen zusätzlich verstärkt. Wenn man den Begriff der Surplus Repression an die Theorie Foucaults anzugleichen versucht bekommt diese dieselbe Bedeutung wie Foucaults Begriff des Diskurses. Jedoch hat Marcuse mit dem Leistungsprinzip zusätzlich ein Konzept entwickelt das ökonomische und politische Auswirkungen auf die Gesellschaft beschreiben kann und in der gesellschaftlichen Entwicklung immer wieder neu mit der Surplus Repression abwägen in der Lage ist. Damit kann er zum Beispiel auch solche Widersprüche wie die Pornofizierung der befreiten Sexualität beschreiben und einordnen. Also bilden das Leistungsprinzip und die Surplus Repression zwei Konstanten die ineinander verwoben sind und trotzdem getrennt voneinander beschrieben werden können.

Somit ist es nun auch möglich die Theorie Marcuses auf die Vorherrschende Geschlechterforschung zu übertragen. Im 21. Jahrhundert sind Geschlechternormen in Form der Surplus Repression immer mehr im aufbrechen. Dies führt aber nicht automatisch zur Gleichberechtigung im gesellschaftlichen Diskurs. Trotz allmählicher Angleichung der Rechte und Rollen der Geschlechter bleibt im Sinne der geschlechtshierarchischen Arbeitsteilung der Öffentliche Raum männlich konnotiert, der private Raum weiblich. Der Grund dafür zeigt sich in der soziohistorischen Entwicklung der Gesellschaft, in der sich das Leistungsprinzip und die Surplus Repression ineinander verwoben haben. Männliche Werte werden deshalb vom Kapitalismus (Leistungsprinzip) weiterhin hochgehalten. Daraus abgeleitet sind männliche Attribute wie Konkurrenzbewusstsein, Durchsetzungsvermögen, Aggression und Externalisierung (vgl. Böhnisch/ Funk 2013) immer noch in der Organisation des öffentlichen Raumes und vor allem der Ökonomie vorherrschend, damit bleiben weibliche Werte in der privaten Späher gefangen. Hier gleichen sich Marcuses Aussagen an die gegenwärtige kritische Geschlechterforschung an.

Seine Gesellschaftstheorie formiert sich in Verbindung mit Butlers und Foucaults Überlegungen zu einer radikalen Geschlechtertheorie. Einerseits betont er die Herrschaft der heterosexuellen Matrix (Surplus Repression), andererseits diese der instrumentellen Vernunft, die sich in Form der Konkurrenz in dem gegenwärtigen Leistungsprinzip festgesetzt hat. Die Vernetzung von Leistungsprinzip und Surplus Repression ergibt die gegenwärtige Gesellschaftskonstitution. Die allmähliche Erweiterung nur einer dieser Prinzipien um die Geschlechternormen zu verändern und mit ihr in Form der Anerkennung Gleichheit zu erreichen führt in eine Sackgasse, da das Leistungsprinzip sich Kategorien, die Teil der Surplus Repression waren aneignen kann, also das soziale Geschlecht durch Zweckrationalisierung neu geformt wird. Darüber hinaus haben sich das Leistungsprinzip und Surplus Repression miteinander und somit zu einem Hybrid entwickelt, der sich in der gegenwärtigen Ausformung der geschlechtshierarchischen Arbeitsteilung besonders hervortut.

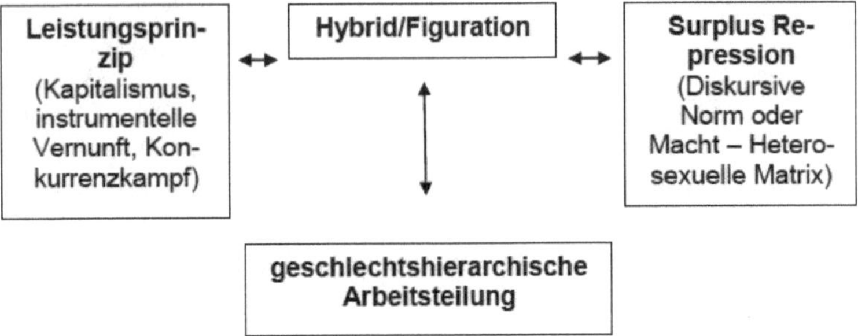

Anknüpfungspunkte und Perspektiven

Zum Schluss gilt es für die Pädagogik der Frankfurter Schule Anknüpfungspunkte und Perspektiven in gegenwärtigen Theorien zu finden. Es ist von belangen kurz herauszuarbeiten, welche Theorien neben den bereits genannten Ansätzen von Foucault, Butler und Honneth, diese ergänzen können und ob es bereits pädagogische Ansätze gibt die an die Theorietradition der Kritischen Theorie anschließbar sind.

Allen voran ist Siegfried Bernfeld zu nennen, der schon bereits in den zwanziger Jahren eine Synthese von Marx und Freud anstrebte und beide Theorien für die Pädagogik fruchtbar zu machen versuchte. Er legte den Grundstein für eine kritische Pädagogik in dem er die Grenzen der Erziehung festlegte und betonte, dass deren Erfolg sich nicht nur auf die Erziehbarkeit des Kindes richtet, sondern auch auf die Konstitution der gegenwärtigen Gesellschaft und den Erzieher/In selbst. Er ließ somit Elemente des Materialismus und der historischen Gesellschaftsanalyse in die Erziehungswissenschaften einfließen. Im Anschluss an Bernfeld und die Kritische Theorie formierte Klaus Holzkamp die kritische Psychologie die auf die Pädagogik übertragen werden kann. Vor allem seine Lerntheorie des Subjekts welche Lernen als Erweiterung oder Blockierung von Erfahrung versteht ist für eine kritische Pädagogik von ungeheurer Wichtigkeit. Defensives lernen bezieht sich auf den Zwangscharakter des Lernens, in dem nur gelernt wird um gesellschaftliche Sanktionen (z. B. Schule) die den Verlust von Lebensqualitäten bedeuten würden, zu verringern. Im Gegenteil bedeutet expansives Lernen die Erweiterung oder Vertiefung des Weltaufschlusses (vgl. Holzkamp 1995).

Rainer Funk der Nachlassverwalter und Schüler Fromms, hat hauptsächlich seine humanistische Psychoanalyse weiterentwickelt und die Sozialcharakteranalyse auf einer neuen Stufe gesellschaftlicher Entwicklung beschrieben. Diesen Gesellschafts-Charakter nennt er den Ich-orientierten Sozialcharakter des postmodernen Menschen. Dieser ist in jeglicher Hinsicht an seinem Ich orientiert und versucht sich selbst oder die Wirklichkeit zu inszenieren und sich immer wieder neu zu entwerfen um einen Schein von Autonomie zu währen (vgl. Funk 2005). Hinzu kommt eine neue Form von Entgrenzung die jegliche Grenzen zu überschreiten versucht und keinerlei neu Grenzen mehr Anerkennen will (vgl. Funk 2011).

Hartmut Rosa hat mit seiner zeitsoziologischen kritischen Analyse der spätmodernen Gesellschaft eine Theorie entwickelt, die in ihrer Grundstruktur auf die Prozesse in der Pädagogik, im Sinne von Beschleunigung auf Bildungs- und Erziehungseinrichtungen, übertragen werden könnte. Die Ausgangsthese Rosas lautet, dass durch neue technische Innovationen kein Zeit Gewinn sondern eine Zeitnot erzeugt wird. Die Beschleunigung die vor allem vom Kapitalismus hervorgerufen wird zeigt sich dadurch, dass mehr in kürzerer Zeit erledigt werden kann, aber die Arbeitszeit immer gleich bleibt, also ein mehr an Arbeit erzeugt werden muss. Rosa hat aber auch eine Lösung für das Problem der sozialen Beschleunigung, diese nennt er Resonanz. Resonanz entwirft er als das Gegenteil von Entfremdung die sich in Form einer schwingenden Weltbeziehung abzeichnet (vgl. Rosa 2016). Diese ist auch auf die Erziehung und Bildung anwendbar, so ist in Radikalisierung der These Rosas Schule eine System welches Resonanzbeziehungen nur selten gewährleisten kann und deshalb eine strukturelle Veränderung braucht, die Resonanz in größerem Maße hervorrufen kann. Rosa ist in seiner Resonanzsoziologie selbst nicht so weit gegangen, dass er eine strukturelle Veränderung der Schule vorschlägt, er hat das Problem der Entfremdung auf die Schüler – Lehrer Beziehung verschoben und somit die systemische Entfremdungsproduktion (Ökonomisierung, Leistungsdruck, Sozialausschluss) einfach ausgeblendet.

Neben neuer psychoanalytischer Forschung, welche an die Pädagogik der Kritischen Theorie anschließbar ist, gilt besonders Arno Gruens Werk als eigene Richtung kritischer Psychoanalyse zu nennen. Dieser zeichnet in seinen Werken die Zivilisationskritik der Frankfurter Schule unter andern Gesichtspunkten nach und kommt dabei zu ähnlichen Ergebnissen. Besonders die frommsche Psychoanalyse ist mit dieser Gruens in einigen Punkten stark verwandt. So erzeuge die gegenwärtige Gesellschaft im Namen der Normalität eine Innere Abspaltung in den Individuen von ihren wahren Gefühlen und Bedürfnissen entfremdet werden. Die Zurückweisung der Eltern in der Erziehung führt dabei zu einer schwachen Identitätsausbildung die die Flucht in Ideologien gewährleistet (vgl. Gruen 2013).

Es gibt noch unzählige weitere Theorien und Denker die mit einer Pädagogik der Kritischen Theorie kompatibel wären. Hier wurden einige der wichtigsten aufgezeigt, um den Bogen dieser Arbeit am Ende nicht zu überspannen werden diese nun jedoch nicht mehr weiter verfolgt.

Literaturverzeichnis

Adorno, Theodor W. (1971): Erziehung zur Mündigkeit. Vorträge und Gespräche mit Hellmut Becker (1959-1969). Frankfurt am Main: Suhrkamp Verlag.

Adorno, Theodor W. (1975): Gesellschaftstheorie und Kulturkritik. Frankfurt am Main: Suhrkamp Verlag.

Adorno, Theodor W. (2003a): Minima Moralia. Reflexionen aus dem beschädigten Leben. Frankfurt am Main: Suhrkamp Verlag.

Adorno, Theodor W. (2003b): Negative Dialektik. Jargon der Eigentlichkeit. Frankfurt am Main: Suhrkamp Verlag.

Adorno, Theodor W. (1984): Philosophie und Gesellschaft. Fünf Essays. Stuttgart: Philipp Reclam jun. GmbH & Co. KG.

Adorno, Theodor W. (1995): Studien zum autoritären Charakter. Frankfurt am Main: Suhrkamp Verlag.

Adorno, Theodor W. (2003): Soziologische Schriften Bd. 1. Frankfurt am Main: Suhrkamp Verlag.

Adorno Theodor W. (2007): Vorlesung über Negative Dialektik. Fragmente zur Vorlesung 1965/66. Frankfurt am Main: Suhrkamp Verlag.

Adorno, Theodor W. (1963): Zur Metakritik der Erkenntnistheorie. Drei Studien zu Hegel. Frankfurt am Main: Suhrkamp Verlag.

Berkel, Irene (2008): Sigmund Freud. Paderborn: Wilhelm Fink Verlag GmbH & Co. Verlags-KG.

Bierhoff Burkhard (2013): Kritisch – Humanistische Erziehung. Pädagogik nach Erich Fromm. Freiburg im Breisgau: Centaurus Verlag & Media KG.

Böhnisch, Lothar (1996): Pädagogische Soziologie. Eine Einführung. Weinheim und München: Juventa Verlag.

Böhnisch, Lothar/ Funk Heide (2013): Soziologie. Eine Einführung für die Soziale Arbeit. Weinheim und Basel: Beltz Juventa.

Böhnisch, Lothar/ Schröer, Wolfgang (2011): Blindflüge. Versuch über die Zukunft der Sozialen Arbeit. Weinheim und München: Juventa Verlag.

Böhnisch, Lothar/ Schröer, Wolfgang (2007): Politische Pädagogik. Eine problemorientierte Einführung. Weinheim und München: Juventa Verlag.

Brunkhorst, Hauke/ Kreide, Regina/ Lafont, Cristina (Hrsg.) (2015): Habermas Handbuch. Sonderausgabe. Stuttgart: J.B. Metzler'sche Verlagsbuchhandlung und Carl Ernst Poeschel Verlag GmbH.

Butler, Judith (1991): Das Unbehagen der Geschlechter. Gender Studies. Frankfurt am Main: Suhrkamp Verlag.

Dammer, Karl-Heinz, Vogel, Thomas, Wehr, Helmut (Hrsg.) (2016): Zur Aktualität der Kritischen Theorie für die Pädagogik (Ebook). Wiesbaden: Springer Verlag für Sozialwissenschaften.

Erikson H. Erik (2016): Der vollständige Lebenszyklus. Frankfurt am Main: Suhrkamp Verlag.

Foucault, Michel (1994): Überwachung und Strafe. Die Geburt des Gefängnisses. Frankfurt am Main: Suhrkamp Verlag.

Foucault, Michel (2008): Die Hauptwerke. Frankfurt am Main: Suhrkamp Verlag.

Freud, Anna (2011): Psychoanalyse für Pädagogen. Bern: Verlag Hans Huber

Fromm, Erich (2011c): Anatomie der menschlichen Destruktivität. Reinbek bei Hamburg. Rowohlt Taschenbuch Verlag.

Fromm, Erich (1983): Arbeiter und Angestellte am Vorabend des Dritten Reichs. Eine Sozialpsychologische Untersuchung. München: Deutscher Taschenbuch Verlag GmbH & Co. KG.

Fromm, Erich (2011a): Den Menschen verstehen. Psychoanalyse und Ethik. München: Deutscher Taschenbuch Verlag GmbH & Co. KG.

Fromm, Erich (2012a): Die Furcht vor der Freiheit. München: Deutscher Taschenbuch Verlag GmbH & Co. KG.

Fromm, Erich (2016): Die Gesellschaft als Gegenstand der Psychoanalyse. Frühe Schriften zur Analystischen Sozialpsychologie. Herausgegeben von Rainer Funk. Frankfurt am Main. Suhrkamp Taschenbuch Verlag.

Fromm, Erich (2015): Die Kraft der Liebe. Über Haben und Sein, Liebe und Gewalt, Leben und Tod. Zürich: Diogenes Verlag AG.

Fromm, Erich (2015): Die Kunst des Liebens. Berlin: Ullstein Taschenbuch.

Fromm, Erich (2012b): Die Pathologie der Normalität. Zur Wissenschaft vom Menschen. Berlin: Ullstein Taschenbuch.

Fromm, Erich (2006): Jenseits der Illusionen. Die Bedeutung von Marx und Freud. München: Deutscher Taschenbuch Verlag GmbH & Co. KG.

Fromm, Erich (1979): Gesamtausgabe. Band 8. Psychoanalyse. München: Deutscher Taschenbuch Verlag GmbH & Co. KG.

Fromm, Erich (2012c): Haben oder Sein. München: Deutscher Taschenbuch Verlag GmbH & Co. KG.

Fromm, Erich (1985): Über den Ungehorsam. Frankfurt am Main: Deutscher Taschenbuch Verlag GmbH & Co. KG.

Fromm, Erich (2011b): Wege aus einer kranken Gesellschaft. Eine sozialpsychologische Untersuchung. München: Deutscher Taschenbuch Verlag GmbH & Co. KG.

Funk, Rainer (2005): Ich und Wir. Psychoanalyse des postmodernen Menschen. München: Deutscher Taschenbuch Verlag GmbH & Co. KG.

Funk, Rainer (2011): Der entgrenzte Mensch. Warum ein Leben ohne Grenzen nicht frei sondern abhängig macht. München: Gütersloher Verlagshaus.

Gertenbach, Lars/ Kahlert Heike/ Kaufmann, Stefan/ Rosa, Hartmut/ Weinbach, Christine (2009): Soziologische Theorien. Paderborn: Wilhelm Fink GmbH & Co. Verlags-KG.

Graf, Martin (1988): Schule *als* Ort der Strukturierung von Erfahrung und Bewusstsein. Zürich: Ms Soziologisches Institut der Universität Zürich.

Gudjons, Herbert (2012): Pädagogisches Grundwissen. Bad Heilbrunn: Verlag Julius Klinkhardt.

Greis, Christian (2017): Was die Pädagogik von der kulturellen Anthropologie lernen kann. Versuch einer Interdisziplinären Reflektion. Prüfungsarbeit Kulturelle Anthropologie. Nicht veröffentlicht.

Gruen, Arno (2015): Dem Leben entfremdet. Warum wir wieder lernen müssen zu empfinden. München: dtv Verlagsgesellschaft mbH & Co. KG.

Habermas, Jürgen (1984): Der philosophische Diskurs der Moderne. Zwölf Vorlesungen. Frankfurt am Main: Suhrkamp Verlag.

Habermas, Jürgen (1973): Erkenntnis und Interesse. Frankfurt am Main: Suhrkamp Verlag.

Habermas, Jürgen (1998): Faktizität und Geltung. Beiträge zur Diskurstheorie des Rechts und des demokratischen Rechtsstaats. Frankfurt am Main: Suhrkamp Verlag.

Habermas, Jürgen (1990): Strukturwandel der Öffentlichkeit. Frankfurt am Main: Suhrkamp Verlag.

Habermas, Jürgen (1981): Theorie des kommunikativen Handelns. Band 1. Handlungsrationalität und gesellschaftliche Rationalisierung. Frankfurt am Main: Suhrkamp Verlag.

Habermas, Jürgen (1981): Theorie des kommunikativen Handelns. Band 2. Zur Kritik der funktionalistischen Vernunft. Frankfurt am Main: Suhrkamp Verlag.

Habermas, Jürgen (1984): Vorstudien und Ergänzungen zur Theorie des kommunikativen Handelns. Frankfurt am Main: Suhrkamp Verlag.

Heinrich, Michael (2005): Kritik der politischen Ökonomie. Eine Einführung. Stuttgart: Schmetterling Verlag GmbH.

Horkheimer, Max/ Theodor W. Adorno (2011): Dialektik der Aufklärung. Philosophische Fragmente. Frankfurt am Main: Fischer Taschenbuch Verlag GmbH.

Horkheimer, Max (2009): Gesammelte Schriften. Band 4: Schriften 1936-1941. Frankfurt am Main: Fischer Taschenbuch Verlag GmbH.

Horkheimer, Max (2003): Gesammelte Schriften. Band 5. Dialektik der Aufklärung und andere Schriften 1940-1950. Frankfurt am Main: Fischer Taschenbuch Verlag GmbH.

Horkheimer, Max (2011): Traditionelle und kritische Theorie. Fünf Aufsätze. Frankfurt am Main: Fischer Taschenbuch Verlag GmbH.

Horkheimer, Max (2007): Zur Kritik der instrumentellem Vernunft. Frankfurt am Main: Fischer Taschenbuch Verlag GmbH.

Horster, Detlef (2006): Jürgen Habermas zur Einführung. Hamburg: Junius Verlag GmbH.

Holzkamp, Klaus (1995): Lernen´. Subjektwissenschaftliche Grundlegung. Frankfurt am Main: Campus Verlag.

Honneth, Axel (1991): Kampf um Anerkennung. Zur moralischen Grammatik sozialer Konflikte. Frankfurt am Main: Suhrkamp Verlag.

Kant, Immanuel (1968): Grundlegung zur Metaphysik der Sitten. Berlin: Walter de Gruyter GmbH

Klein, Richard/ Kreuzer, Johann/ Müller-Doohm, Stefan (Hrsg.) (2011): Adorno Handbuch. Leben-Werk-Wirkung. Stuttgart: J.B. Metzler'sche Verlagsbuchhandlung und Carl Ernst Poeschel Verlag GmbH.

Kneer, Georg/ Schroer, Markus (Hrsg.) (2009): Handbuch Soziologische Theorien. Wiesbaden: VS Verlag für Sozialwissenschaften/ GWV Fachverlage GmbH.

Langfeldt, Hans, Peter (1996): Psychologie-Grundlagen und Perspektiven. Neuwied: Luchterhand

Marcuse, Herbert (2004): Schriften Band 5. Triebstruktur und Gesellschaft. Ein philosophischer Beitrag zu Sigmund Freud. Fulda: zu Klampen Verlag.

Marcuse, Herbert (2004): Schriften Band 7. Der Eindimensionale Mensch. Studien zur Ideologie der fortgeschrittenen Industriegesellschaft. Fulda: zu Klampen Verlag.

Marcuse, Herbert (2004): Schriften Band 8. Aufsätze und Vorlesungen 1948-1969. Versuch über die Befreiung. Fulda: zu Klampen Verlag.

Marcuse, Herbert (2004): Schriften Band 9. Konterrevolution und Revolte. Zeit Messungen. Die Permanenz der Kunst. Fulda: zu Klampen Verlag.

Marx, Karl/ Friedrich Engels (1956ff): Marx-Engels-Werke (MEW), 43 Bde., Berlin (Ost): Dietz.

Mechthild Seithe (2012): Schwarzbuch Soziale Arbeit. 2., durchgesehene und erweiterte Auflage. Wiesbaden: VS Verlag für Sozialwissenschaften/ Springer Fachmedien Wiesbaden GmbH.

Müller C. Wolfgang (1988): Wie helfen zum Beruf wurde. Band 1. Eine Methodengeschichte der Sozialarbeit 1883 – 1945. Weinheim und Basel: Beltz Verlag.

Negt, Oskar (2011): Der politische Mensch. Demokratie als Lebensform. Göttingen: Steidl Verlag.

Negt, Oskar (1974): Soziologische Phantasien und exemplarisches Lernen. Zur Theorie und Praxis der Arbeiterbildung. Frankfurt am Main – Köln: Europäische Verlagsanstalt.

Negt, Oskar (2012a): Gesellschaftsentwurf Europa. Göttingen: Steidl Verlag.

Negt, Oskar (2010): Kant und Marx. Ein Epochengespräch. Göttingen: Steidl Verlag.

Negt, Oskar (1999): Kindheit und Schule in einer Welt der Umbrüche. Göttingen: Steidl Verlag.

Negt, Oskar (1984): Lebendige Arbeit, enteignete Zeit. Politische und kulturelle Dimensionen des Kampfes um die Arbeitszeit. Frankfurt am Main: Campus Verlag.

Negt, Oskar (2012b): Nur noch Utopien sind realistisch. Politische Interventionen. Göttingen: Steidl Verlag.

Negt, Oskar (2014): Philosophie des Aufrechten Ganges. Göttingen: Steidl Verlag.

Negt, Oskar (2005): Wozu noch Gewerkschaften? Göttingen: Steidl Verlag.

Negt, Oskar/ Kluge, Alexander (1973): Öffentlichkeit und Erfahrung. Zur Organisationsanalyse von bürgerlicher und proletarischer Öffentlichkeit. Frankfurt am Main: Suhrkamp Verlag.

Neumann, Alexander (2010): Kritische Arbeitssoziologie. Ein Abriss. Stuttgart: Schmetterling Verlag GmbH.

Nielsen, Birger, Stehen (1999): Exemplarisches Lernen. In: Lenk, Wolfgang, / Hieber, Lutz/ Rumpf, Mechthild: Kritische Theorie und politischer Eingriff. Hannover: Offizin Verlag.

Nietzsche, Friedrich (2012): Gesammelte Werke. Köln: Anaconda Verlag GmbH.

Rattner, Josef (2011): Klassiker der Psychoanalyse. Hamburg: Nikol Verlagsgewerkschaften GmbH & Co. KG.

Birgit Rommelspacher (1995): Schuldlos – Schuldig? Wie sich junge Frauen mit dem Antisemitismus auseinandersetzen. Hamburg: Konkret Literatur Verlag.

Rosa, Hartmut (2016): Resonanz. Eine Soziologie der Weltbeziehung. Frankfurt am Main: Suhrkamp Verlag.

Rumpf, Horst (1987): Belebungsversuche. Ausgrabungen gegen die Verödung von Lernkultur, Basel und Weinheim: Juventa Verlag

Schimank, Uwe/ Volkmann, Ute (Hrsg.) (2007): Soziologische Gegenwartsdiagnosen. Eine Bestandsaufnahme 2. Auflage. Wiesbaden: VS Verlag für Sozialwissenschaften/ GWV Fachverlage GmbH.

Senf, Bernd (2007): Die blinden Flecken der Ökonomie. Wirtschaftstheorien in der Krise. Ein Aufklärungsbuch. Kiel: Gauke GmbH Verlag für Sozialökonomie.

Schwandt, Michael (2010): Kritische Theorie. Eine Einführung. Stuttgart: Schmetterling Verlag GmbH.

Schweppenhäuser, Gerhard (2010): Kritische Theorie. Stuttgart: Philipp Reclam jun. GmbH & Co. KG.

Wiggershaus, Rolf (2010): Die Frankfurter Schule. Hamburg: Rowohlt Taschenbuch Verlag.

Wiggershaus, Rolf (1998): Max Horkheimer zur Einführung. Hamburg: Junius Verlag GmbH.

Internetseite:

Kant, Immanuel (2004): Beantwortung der Frage: Was ist Aufklärung? Utopie kreativ. In: http://www.rosalux.de/fileadmin/rls_uploads/pdfs/159_kant.pdf (abgerufen am 17. Januar 2017).

Zeitfracht Medien GmbH
Ferdinand-Jühlke-Straße 7
99095 Erfurt, Deutschland
produktsicherheit@kolibri360.de